「ありがとうの心」の経営

村井　順

善本社

ありし日の吉田さんと著者夫妻

刊行によせて

昭和四十年に故村井順氏と四十人の社員でスタートした綜合警備保障株式会社は、今年創業四十五周年を迎えようとしています。この間に社業は飛躍的に発展し、社員数は、グループ会社を含めて約三万人とわが国警備業界のリーディングカンパニーの地位を占めています。現在はご子息である村井温社長の下で、平成十四年東証一部への株式上場を果たし、第二の創業から第三の創業へ移行して躍進を続けています。

創業者村井氏が官庁の外郭団体や関連企業に就職することなく、自ら綜合警備を設立したのは、かつて秘書官として仕えて以来、私淑していた故吉田茂総理の「(外国の超一流警備会社が日本進出を企てているようだが) そんなことになったら、外国資本で日本に警備の網を張られてしまうことになる。君は日本独自の警備会社を作るべきだ」という示唆によるものですが、その後の目覚ましい発展の基礎は、村井氏の確固とした経営理念とリーダーシップが築いたものです。

村井氏は、成功した経営者であるばかりではなく、優れた思想家でありました。私は村井氏に綜合警備創業以来、格別のご交誼をいただき、氏の思想にいたく共感を覚え、村井氏が経営者の心構えを説いた「武士の商法」憎しみと対立の哲学を止揚した「ありがとうの心」現代社会を的確にしかも温かい目で突いた「日本よ何処へゆく」「日本人の良心」を昭和四十九年から六十二年にかけて小社から出版しました。これらの書籍は当時の混乱、荒廃した世相に一筋の光を与えるものとして好評を博しました。以来四十年近く過ぎましたが、氏の思想は今なお新鮮な響きで世に訴えています。

小社はこれまでに優れた経営者の足跡を紹介した書籍を「心の経営シリーズ」として出版してきましたが、十年前、小社創業三十年を迎えてこのシリーズの一環として、上記四冊のなかから村井氏の思想の精髄を抽出して、一冊にまとめました。このたび、現在の社員教育に使用するため、綜合警備から復刻の要請もあり、再びここに発行することにしたものです。このなかから綜合警備のすばらしい発展の基礎となった村井精神をおくみ取りいただければ幸いです。

なお「序章　綜合警備と村井　順」は、村井氏がとくに山本に語られた事柄を整理収録したものです。

平成二十二年二月

株式会社　善本社　山本三四男

目　次

2　ありがとうの心

序章　綜合警備と村井 順

山本三四男 記

吉田首相の言動に深い感銘を受ける

吉田茂は日本が太平洋戦争に敗北し、連合軍最高司令官マッカーサーを長とする連合国軍総司令部（ＧＨＱ）の占領下に置かれた異常な時代に五次にわたり内閣を組織し、戦後の日本の復興に尽くし、その後の奇跡の繁栄に導く基礎を築いた昭和史に特筆すべき大政治家である。村井は占領初期の最も困難な時代に吉田の秘書官として、吉田を支えた一人である。

吉田内閣の最大の使命は日本経済の復興と武装なき国の安全保障であった。戦争による死者、行方不明者は軍人、民間人計約三百万人、Ｂ29爆撃機による空襲、広島・長崎の原爆投下によって、東京、大阪はじめ全国各都市は一面の焼土と化し、被害家屋二百四十万戸に及び、食糧も極端に不足した上に、海外からの復員者、引揚者で国内の人口は増え、国民は飢えと栄養失調に悩むという最悪の経済状態であった。連合国軍は上陸と同時に全日本軍を解体してしまったので、日本は建国以来はじめて軍隊のない無防備の国になり、その上警察はこれまでの国家警察から全国千五百の自治体単位に細分され、治安維持も難しかった。

吉田はこのような惨憺とした日本をどうやって立て直し、百年、千年の繁栄を導くかに心を砕いたのである。当時吉田は村井に語った。

「焼野原になった日本にとって、最も必要なことは経済を復興し、国民が食べてゆける国になることだ。次に国際的信頼を取り戻し独立国になることだ。一人前の国になれば必ず立派な国防力を持てるようになる。それまではアメリカの軍事力に保護してもらえばよい」

旧内務省の若手官僚のエースとして首相秘書官に抜擢された村井は、圧倒的な力を持つＧＨＱに立ち向かう吉田の言動に深い感銘を受け、後々まで吉田に師事することになる。

東京オリンピック無事故運営の重責果たす

一九六四（昭和三十九）年、日本は経済協力開発機構（ＯＥＣＤ）加盟が認められ、先進諸国の仲間入りを果たした。同年十月オリンピックが東京で開かれた。これはアジアで初めて開かれるもので、経済復興を成し遂げた日本の姿を国際社会にアピールする絶好の機会であった。

オリンピックを成功させるために国は威信をかけて万全の準備をすすめた。まず財界のトップである安川第五郎が財団法人オリンピック東京大会組織委員会会長に任命された。開催地東京では道路の整備、ホテル、競技場の建設が急ピッチで進められた。東京―大阪間には世界にさきがけて長距離高速鉄道である東海道新幹線が開通した。

競技の面では「東洋の魔女」と呼ばれた女子バレーボールをはじめ柔道、レスリング、体操など日本選手の活躍に期待が寄せられた。新聞、ラジオ、テレビ、雑誌などマスこみはこぞってオリンピックを連日大々的に扱い、大会の機運は大きく盛り上がった。

表面の華やかな動きとは裏腹に舞台裏では深刻な問題があった。それは東京オリンピックをどうやって無事故で終わらせるかという警備の問題である。東京オリンピックは世界九十四カ国から役員・選手約七千名、これに加えてこの何倍かの外国人の来日が予想される戦後日本で初めての国際的イベントである。国内では安保条約改定の騒ぎは収まったとはいえ、治安情勢にはなお不安がある上に、来日する諸国間には政治思想・信条の相違があり、これら諸国民が一堂に会するのであるから、亡命、テロの警戒が必要である。

もし事件・事故が発生したら施設や競技の成功は水の泡と消え、日本の威信は大きく傷つけられるであろう。（実際に八年後、ドイツのミュンヘンで行われたオリンピックでは「黒い九月」と名乗る一団がイスラエルの選手・役員を襲撃して十一人を殺傷するという事件が起きた）

村井は当時オリンピック組織委員会事務次長として大会の無事故運営に全力を注いだ。東京オリンピックは無事故で、盛大かつ成功裡に終了した。世界中がその見事な運営を絶賛し村井は大任を果たした。今日では民間の警備会社に警備を委託することが常識となっているが、当時、日本には警備会社という観念が薄かった。東京オリンピックほどの大イベントの警備は警察だけでは手不足であり、まず当事者の自助努力が求められるのだが、当時日本には警備会社がなく、警備は外資系の現在の㈱セコムが担当した。このほかにもアメリカ、イギリスの警備会社が日本市場への進出を計画していた。しかし警備には国家的あるいは公共的な側面が強いので、日本の民間警備が全部外資系に占められてはいかがなものかとの認識も生まれてきた。村井のこの体験が後に綜合警備創業へと発展してゆくのである。

「莫妄想矣」の教えで悟る

北鎌倉にある円覚寺は鎌倉幕府の執権北条時宗が宋から無学祖元を開祖に迎えて創建した臨済宗円覚寺派の総本山という名刹である。朝比奈宗源老師はかつて伊勢神宮に参拝した折に「日本を守るべし」とのご神託を受け、「日本を守る会」を結成し宗教界をはじめ各界のオピニオンリーダーに呼びかけて「敗れたりと雖もなお、日本人たれ」をモットーとして愛国運動を展開していた憂国の高僧である。村井家は紀伊徳川の家臣の家柄で代々武士の魂を受け継いできた。

九州管区警察局長を最後に警察を退いた村井は一九六一(昭和三十六)年四月、東京オリンピック組織委員会に事務次長含みで迎えられた。これは村井が国家地方警察本部（現警察庁）警備課長として日本の警備警察の組織をゼロから作りあげた実績が高く評価されたためであろう。（GHQは思想統制機関である特高警察の復活を懸念し、戦後の日本には刑事警察と交通警察しか認めない方針であったが、昭和二十三年三月警備課長に任命された村井は日本の治安維持には特高警察とは無縁な民主的警備警察の必要性を力説して、ついにGHQを説得して警備警察組織をつ

くりあげた）

事務次長の内示を受けた村井は責任が重大であることに思いを致した。警察幹部として警備には十分な知識と経験を積んできた村井であるが、その業績は警察の組織を背景として成し得たのである。オリンピックがいかに国家的事業であるとはいえ、警察の組織から離れた村井にどれだけのことが成し得るだろうか。心を痛めた村井は石田博英（当時労働大臣）の紹介で円覚寺に朝比奈老師をたずねて、指導を請うた。

老師は円覚寺を創建した北条時宗と開祖・無学祖元の故事を引いて語った。「モンゴルに起ってヨーロッパ・アジア両大陸を制覇した元は余勢を駆って二度にわたって日本侵攻を企てた。大軍を率いた元軍に対して日本は不利な戦いで時の執権時宗は日本防衛の心を悩まし、祖元に方策を相談した。祖元はただ一言『莫妄想矣』（妄想するなかれ—くよくよ考えずに目的に向かって邁進せよ）と諭した。時宗はこの一言に心を打たれ戦争指導を続け、折しも襲った台風で元の軍船が沈んだため国土を防衛することができた」。

村井はこの言葉によって難関突破の手がかりを得たようである。後に朝比奈老師は、その席にはべった侍者に「村井さんはこの『莫妄想矣』の四文字で大きな悟りを開かれた」と語っている。

村井はこの教えを機に鎌倉幕府の研究を続け、後日円覚寺の本堂で老師同席の上、郷土史家、知人を集めて鎌倉幕府の誕生から滅亡までの歴史研究を発表したが、この中で元寇の勝因につい

て
一、禅僧無学祖元を自ら中国から招聘し常に精神を鍛え、敵の来襲に備えた。
二、敵である元の情報を十分に把握し、国土の防衛を怠らなかった。
三、東アジア唯一の独立国である日本の尊厳を死守し、武士の面目を守り抜く勇気を持っていた。
四、時宗が神仏の加護を信じ信仰心が厚く、円覚寺には敵味方の別なく戦死者の霊を祀る千体地蔵尊を安置するなど、もののあわれを知る武将であったこと。
の四点を挙げている。

この時に学んだ時宗の精神と戦略的着眼が、後年綜合警備を「武士の精神」で経営し、成功する端緒となったのである。

友松円諦師に「法句経」を学ぶ

神田寺の友松円諦師は原始仏教の経典の一つ「法句経」（ほっくぎょう）を時代に即して巧みな話術で解説することで有名であった。ＮＨＫラジオの教養番組では「信ぜよ、信は力なり」と呼びかけ多くの人々の心をとらえ、女子学生の間でも有名になったほどである。村井は朝比奈老師の教えを受けたあと、さらに心を磨くため朝比奈老師の紹介を受け神田寺に友松円諦師をたずねた。

村井は円諦師の講話に深い感銘を受け、この感銘を多くの人々と共にしたいと考えて、朝比奈老師の肝煎りで芝プリンスホテルに友松師を招いて朝野の名士と共に法話を聞く会を開いた。当日の演題は法句経百八十三番「あるは難し」で偈文（詩句の形式で経理や仏・菩薩をほめたたえた言葉）は次の通り。

ひとの生を

うくるはかたく
やがて死すべきものの
いま生命（いのち）あるはありがたし
正法（みのり）を
耳にするはかたく
諸仏（みほとけ）の世に出づるも
ありがたし

この席には佐藤栄作（後の総理大臣）、安川第五郎（日本原子力発電会長）、永野重雄（日本商工会議所会頭）、武見太郎（日本医師会会長）、高碕達之助（東洋製罐社長）、松永安左エ門（電力業界の長老）ら、当時日本のトップクラスの人たち約三十名が参加した。村井はこれらの人々と生涯にわたり深い交わりを持つようになり、この人々は村井の援助者となった。村井はこの法話で感得した「ありがとうの心」がオリンピック運営の基本姿勢となり、オリンピック後の「ありがとう運動」展開の原動力となり、さらにこれが綜合警備保障の基本理念となったのである。

毅然とした言論活動で多大の共感を得る

村井は組織の長としての人徳と包容力に富み、深い教養と文筆の才に恵まれ、講演も論旨明快、聴衆によって適切なテーマを選ぶなど言論人としても大きな足跡を残した。友松円諦師との法話がきっかけではじまった「ありがとう運動」は朝比奈老師を会長にいただき、自らは本部長を引き受け、「ありがとうの心」の普及に努めた。その間に求めに応じてPHP、仏教タイムスなどに寄稿したエッセイは昭和四十九年に善本社から「ありがとうの心」と題して出版され、六十四版を重ねるというベストセラーになった。

村井は時事通信社を創業した長谷川才次が時事通信社を退いた後に創立した㈱内外ニュースの取締役として経営に参加するとともに、同社の発行する新聞「世界と日本」に健筆を振るい、また同社の全国にある支部で開催される懇談会の講師として講演に回った。

戦後日本人はすっかり虚脱状態に陥り、そのより所をマスコミに求めたが、肝心のマスコミが自信と誇りを失い時流に迎合するばかりであった。そのなかで「正論、正報道、正解説」を唱える内外ニュースは異色の存在であったが、毅然として正論を吐きつづける村井の存在は同社に拠る言論人のなかでもひときわ抜きんでた存在として、国を憂うる人々の多くの共感を得た。

村井は長谷川との出会いを次のように語っている。

「私が初めて長谷川さんに会ったのは内閣調査室長時代で、当時、私の直属上官の副総理兼官房長官の緒方竹虎さんの紹介であった。緒方さんは戦時中、朝日新聞の最高幹部として、また情報局総裁として、日本のマスコミ界ではあまりにも有名な人だった。

『村井君、紹介しよう。この人が時事通信の長谷川さんだ。私が最も信頼している言論人だ』

これが出会いの初めで、私はよい機会と思い内外の情勢について質問したところ、長谷川さんは明快な説明をしてくれた。私はその見識の高さと、信念の強さの大いに感服した」。

一方、長谷川は村井について次のように語っている。

「明治の初め日本人が文明開化に浮かれ、日本がどこに行ったか分からなくなった様相を蘇峰徳富猪一郎先生は『思想的乱世』と呼び、当時の先覚は警世の論陣を張りました。戦後の日本が当時の様相に酷似していたのに政党もマスコミもだらしがなく、一世を指導啓発する高邁な意見を述べません。こういう際に毅然として正論を吐きつづけ、世道人心を導いてくれているのが村井順先生です」。

また長谷川才次との縁からはじまった内外ニュースの「世界と日本」へ寄稿した論説、警察学校、清話会などで行った講演をまとめた「日本よ何処へゆく」(五六版)、「日本人の良心」(五四版)と堅いテーマを扱った書籍としては類を見ない好評であり、現在でも読者からの感想が寄せられている。

1 武士の精神

吉田さんの激励で決意

昭和三十九年十二月のことである。私はオリンピックの残務整理が一応片づいたので、さてこれからどんな仕事を選ぼうかといろいろ思案し、迷っていた。そんな折に大磯の吉田茂さんから昼食のご招待を受けた。オリンピックで骨を折ったろうから慰労しようというのが、趣旨だったようである。

さてワイフ同伴でお伺いしたところ、大変ご機嫌がよく、オリンピックの裏話などひと通り話がはずんだ後、突然聞かれた。

「これから君は何をするつもりか」

「実は何をしようか迷っているところです。安川会長はどこか公団の幹部になったらどうかといわれるのですが、一方、私の友人たちは警備会社を創れとすすめています」

「現在、日本に警備会社のようなものがあるのか」

「二、三年前からスウェーデンの警備会社が日本に進出してきており、だいぶ業績をあげているようです。聞くところによると、イギリスのセキュリコやアメリカのプリンクスなど超一流会社も日本進出を企てているようです」

「そんなことになったら日本中、外国資本で警備の網を張られてしまうことになる。君は公団などやめて、日本独自の警備会社を創るべきだ。考慮の余地はないと思う」

吉田さんのお話を聞いているうちに、私の決心は決まっていった。

昼食の後、温室に案内され、お茶をいただいた。温室の中には観葉植物や洋蘭などの鉢が所狭いまでおかれ、その独特の香りが部屋いっぱいむんむんしていた。私は大学卒業後は公務員の経験しかないので、これから新たに会社を創ることがどうも不安でならなかった。

「私が会社を創ったら、どうしても〝武士の商法〟になってしまいそうです」

「むしろ〝武士の商法〟で結構だ。警備会社のような仕事は信頼が根本だから、誠実一本で貫くことだ。つまらぬＰＲや、駆け引きはやらない方がよい」

私は東京に帰る自動車の中で、吉田さんの言葉を一言一言かみしめてみた。果たして私にとって未知の世界である実業界に、単身乗り出してやって行けるだろうか。とくに武士の商法が通用するだろうか。どうも自信が持てなかった。私は「武士の商法」の長所と短所をいろいろ考えてみた。ところが「武士」「武士」といっているが、「武士」そのもののイメージがはっきりしていないことに気がついた。

「気位が高く、金銭の勘定ができず、社会に適応して行く能力が足りない人」が一応頭に浮かんだ。しかし、これは明治維新で急に扶持から離れ、うろうろした士族階級の姿から出たイメージである。

戦国時代の名将たちの生き方は決してそんな生やさしいものではなく、生活力は旺盛で、今どきの経営者顔負けの才能もあり、根性もあったように思われる。弱肉強食の時代の中を勝ち抜いていった彼らの考え方は、万事、命がけであった。もし失敗すれば何千、何万という家臣とともに討ち死にしなければならない。破産宣告や辞表で解決できる今どきの会社経営とは大変な違いである。

どこまでやれるか分からないが、とにかく「戦国時代の武将の精神」で警備会社を創ってみようという決心が、自動車が東京に帰りつくまでに固まった。

親友から手きびしい忠告

私は公団入りの希望を捨てて警備会社を創設することになった。頭の中では一応計画ができていたはずだったが、さて着手してみると、予想もしなかった障害に次々にぶつかり、そのたびに戸惑った。大学を出てから三十年間、一貫して公務員のコースを進んできた私は、役所の仕事なら多少自信を持っていたが、実業界のこととなると、皆目見当がつかない。しかも今まで日本になかった新しい企業をはじめようというのだから、まさに暗中模索の態である。

思案の末、私は中学校以来の親友で、三輪精機の社長をしている西海君をたずね、教えを請うた。彼は現在、十近くの企業を経営しているが、いずれも成功し、立派な業績をあげている経営のベテランである。彼の会社の工場はいずれも近代設備を誇っているが、社長たちのいる事務所の方はまことにお粗末な木造の建物であり、その堅実な経営方針の一端がうかがえた。彼は菜っ葉服を着たまま応接室に入ってきた。

「オリンピックの仕事も大体終わったようだね」

「実は残務整理も終わったので、これから百八十度転換して会社を創ろうと思っている。君はその方面のベテランだから、いろいろ教えていただきたい」

私は警備会社を創る決心をしたいきさつを簡単に説明した。彼はじっと聞いていた。

「村井君は戦後、警備警察や内閣調査室を創った。その経験が警備会社ではそのまま生かされるから、君にはピタリ適した仕事だと思う。しかし、実業界は官界と違って生やさしいものではない。その意味で、まず実業界の実態を正しく知ることが大切だ」

そして彼は親切に実業界の裏表を詳しく話してくれた。話を聞きながら、彼の頭髪がだいぶ薄くなっているのに気がついた。三十年という長い歳月、実業界の荒波の中で辛酸をなめつくした歴史を見たようで、私には頼もしく感じられた。彼は突然開き直って聞いた。

「君は実業界に命がけで飛び込む覚悟ができているのか。中途半端な気持ちなら失敗するにきまっているからやめなさい」

「僕は退職金を全部投げ出してやるつもりで、背水の陣だ」

「その覚悟なら大丈夫だろう。役人上がりが事業に手を出す場合、うまく行かなかったらさっさとやめて、恩給と退職金で安全に生活しようという人が多いが、そんな考えではだめだ。事業と心中する気持ちとなった時、はじめて事業と取り組むファイトがわき出てくるのだ」

私は菜っ葉服を着た友人の忠告が一つ一つ身にしみた。そして今さらながら企業を経営する者なの責任の無限に大きいことを知らされた。お恥ずかしい話だが、役人時代にはこんな心境にはなれなかった。「お国のためだ」「日本再建のためだ」という気持ちで大いに頑張ったつもりだが、なんといっても巨大な機械の中のほんの一部にすぎなかった。常に気持ちの奥には「親方は日の丸だ」という考え方があぐらをかいていたことは否定できない。ところが、経営者は小なりといえども全体の責任者であり、親方は自分だけだという考え方に徹しなければならないことを教えられた。

私は何度も、公団の幹部になった方がよかったのではあるまいかと思い直してみた。しかし、「何万何十万という経営者が現に実業界で活躍しているのだ。ウロウロしては笑われる。もはやサイは投げられたのだ」と自らにいって、いよいよ具体的な創設の仕事にとりかかった。大磯で吉田茂さんから激励されて以来ちょうど一ヵ月を経過していた。

安川さんに会長をお願い

私は会社創設にあたり、昔の武将が「兵を挙げる」場合に一体どんな心境で、どんな準備をしただろうかと、いろいろ想像してみた。彼らにとっては挙兵の失敗は死を意味するので、命がけで万全の準備をしたに違いないからである。さて、私の頭に浮かんだ彼らの準備とは、大体次のようなものであった。

第一に、挙兵の大義名分を明らかにする。いわゆる立派な旗印を押し立てる。
第二に、世間が納得するような立派な大将を頭にいただく。
第三に、優れた軍師を求め、絶対不敗の戦略、戦術を打ち出す。
第四に、軍資金を豊富に調達し、武器弾薬および兵糧を十分用意する。
第五に、できるだけ多くの勢力と同盟、協力の関係を結ぶ。
第六に、優秀な幹部と多数の精兵を集め、戦力強化をはかる。
第七に、あらゆる条件を調査、検討し、とくに敵の動向を正確に把握する。

以上、頭に浮かんだ「挙兵の準備」は、そのままそっくり私の参考になるような気がした。

そこで、私はまず立派な会長を探さなければならない。私の会社の会長には、単に財界の実力者というだけでなく、人格的にも尊敬できる人にお願いしたいと考えた。すると、私の最も近いところに最も立派な人がおられることに気がついた。東京オリンピックの会長の重責を見事に果たされたばかりの安川第五郎氏である。

安川さんは、私から警備会社創設の計画を聞かれると大変喜ばれ、

「それはよかった。君の経歴からいって、公団に行くより警備会社を創る方が適任のようだ。きっと成功するだろう」

と激励して下さった。

「ところで、ぜひ安川さんに私の会社の会長をお願いしたいのですが」

「それは困る。オリンピックの大役が終わったので、今後は現在引き受けているたくさんの会長のポストさえ一つ一つ辞めて行こうと考えているのだ。今さら新しい会社の会長を引き受けることは到底できない。だれか他に適当な人を探しなさい」

しかし、私は執ように食い下がった。

「私は安川さん以外の方を考えておりません。ぜひお願いします」

しかし、その日の安川さんの決心は盤石のように固く全く歯が立たない。私は重い足を引きず

り、すごすごと帰宅した。ところが翌朝、安川さんのお宅から「朝九時に会社に来るように」というお電話があった。昨日のご様子では、てっきり断られるものと覚悟しながら安川電機の会長室をおたずねした。安川さんはにこにこ笑顔で私を迎え、こう言われた。

「昨日、君があまり真剣な顔をしていたのでどうも気になり、昨夜ひと晩考えてみた。そして引き受けることにしたよ」

私は思わず立ち上がって最敬礼をした。私の思い詰めた真剣な気持ちが、ついに財界の長老の心を動かすことができたのだ。安川さんの気持ちは「企業は戦争だ。真剣な気持ちでなければ失敗する。君の顔付きは真剣だから、その気持ちなら指導しよう」ということだと悟った。

私はかくして、日本の財界で最も尊敬できる長老を会長とし、また師匠として仰ぐことができることになった。数日後開かれた会社設立の懇親会には、安川会長自身が立って「警備会社の重要性と会長を引き受けるにいたったいきさつ」を各界の代表者に説明して下さったのである。まさに千鈞の重みであった。

一流会社に出資を依頼

安川第五郎さんが会長を承諾されてからというものは、会社設立の段取りは順調に進んだ。やはり安川さんの実業界における名声が大きく物をいったわけである。そこで、私はいよいよ「資本集め」に取りかかった。もちろん私にとって、こういう仕事は全く経験がない。どうしたものか思案にあまって、何人かの友人に教えを請うた。

「一体、会社の資本金というものはどの位あったらよいのだろうか」

彼らの返事は判で押したように同じだった。

「できるだけ多くの資本金を集めることだ。それが資本主義経済の原則なのだ」

私は「なるほど」と感心した。

ところが安川さんの意見は全く違っていた。

「はじめから大資本を集めて大規模な組織を作ることには反対だ。まず必要最小限度の資本でスタートし、堅実な経営を進めるべきだ。最初から大資本を持つと、とかく経営が放漫になりやすい。一度放漫に陥った会社は間違いなく行き詰まってしまう」

「しかし、世の中には資本が足りなくなって破産する会社が少なくないようですが」

「最初、小資本ではじめても、業績があがってゆけば後からいくらでも増資することができる。それが株式会社の特色なのだ。株式会社というものは、たくさんの人たちから資本を預かって事業をやるのだから、一銭でも無駄遣いをしては申し訳ない。また出資者に対しては年一割以上の配当を出すのが経営者としての義務であり、そのためにも出資額はできるだけ小さくした方が経営に無理がこない」

どうやら私にも株式会社というものの本質が分かりかかってきたような気がした。

次に、私は「だれに資本を出してもらうか」という点で思い悩んだ。友人たちは「面白そうな事業だからわれわれ友人たちで資本を集めるから心配するな」と申し出てくれた。しかし私は「財界から広く資本を集めた方が将来の発展に何かと有利だ」と考え、友人たちの好意を全部断ってしまった。私は財界を代表するものとして一流銀行に目をつけた。もちろん大銀行が簡単に出資してくれるものとは思わなかったが、何回断られてもぶつかってみる覚悟で、体当たり作戦を決行することにした。

そこでさっそく、当時銀行協会の会長をしておられた日本勧業銀行の中村頭取をおたずねした。頭取の応接室はさすがに大きくて豪華だった。私は今さらながら大資本の威力をひしひしと感じた。中村頭取は私から警備会社設立の趣旨を約三十分間、だまって聞いているだけだった。分かってくれたのだろうかと不安に思った途端に、

「よく分かりました。新時代が要求する企業だから成功しますよ。ぜひおやりなさい。できるだけの協力をしましょう」

と言下に賛成してくれた。あまりあっさり承諾していただいたので、私は拍子抜けの態であった。しかし大銀行家の直感と決断に今さらながら頭が下がった。

私はこれに力を得て、十二の大銀行を一社一社回って説明した。いろいろ紆余曲折はあったが、一カ月間かかって全部の大銀行が出資を承諾してくれた。安川会長にさっそく報告した。

「それは幸先がよい。おそらく社長の君が警備の専門家であることと、会社を創る君の真剣さが理解してもらえたのだろう。銀行家は経営者の心構えと能力を重視するものだ」

と喜んでいただいた。

資本集めでずいぶん苦労したおかげで、大きな勉強ができた。一つは事業を愛すれば愛するほど事業のために頭を下げる気になれることで、役人上がりの私としては大きな壁を破ったわけである。次は事業を成功させるためには、一にも押し、二にも押しの根性が必要だということを知ったことである。

武士の精神で会社を経営

その後、私は迷うことなく準備万端を進めたのだが、意外に手間どり、綜合警備が正式に誕生したのはその年の七月半ばを過ぎてしまった。なにぶんにも役人上がりの私が新種の企業を創ったのだからいろいろと話題になり、朝日新聞などは青鉛筆の欄に二日つづけて書いてくれた。

もちろん私は大いに奮い立ち、ただちに新入社員を三十名ほど採用し、一応は会社の体制を整えた。しかし内心は前途多難を覚悟していささか武者ぶるいの感があった。おそらく昔の武将たちが旗揚げをした時も同じ心境だったと思う。いうまでもなく武将にとって旗揚げはまさに命がけのことであり、敗れたらすべてが終わりであって、弁解は一切許されない。それだから勝つためにあらゆることに真剣に誠実に努力をしたのであった。

では昔の武士たちはどんなことを心がけたのか、私なりに考えてみた。

第一に武士たちは人びとから信頼される人物でなければならない。すなわち強い心と正しい心と温かい心を持った人物でなければならない。

第二に戦いに勝つために何事にも気を抜かず、真剣に誠実に努力した。すなわち募兵にも訓練にも情報活動にも作戦用兵にも最善を尽くさなければならない。

第三に武士たちは運命共同体の認識を持ち、同志として団結し協力して強大な武力集団となって敵を圧倒しなければならない。

要するに意気地のない武士、いいかげんな武士の存在は許されなかったのである。

さて、われわれの会社も経済界の中で激しい競争や戦いをつづけているのであって、社長をはじめ全社員が昔の武士たちと同様にすべてのことに真剣に誠実に努力を尽くさなければならない。そのためには第一に「企業は人なり」といわれているように社長をはじめ全社員が人びとから信頼される立派な人物にならなければならない。

第二に「企業は戦いである」。その戦いに勝ち抜くためにすべてのことに真剣に誠実に努力しなければならない。本業のほか採用にも研修にも技術開発にも、営業にもその最善を尽くさなければならない。

第三に会社は運命共同体の認識を持ち、全社員が同志として団結し協力して強力な人間集団とならなければならない。会社が発展するなかで社員が幸福になるという心を持つことが大切である。

要するに社員の中には意気地のない者、いいかげんな者の存在は許されないのである。私はこうした武士の精神で綜合警備を経営しようと決意したのであった。

野鳥精神から武士の精神へ

野鳥精神こそ原点

創業時代、思いもよらぬ大きな困難に次々と苦しめられた時、われわれは「せっかく苦心惨憺して作った綜合警備である。どんなことがあっても絶対に会社を潰してはならない」と決意を固めた。そして「どんな困難にも弱音を吐かず、なりふりかまわず生き抜く」という野鳥の逞しい精神を見習うべく会社の基本精神として、われわれは命がけで頑張ったのである。

その時私は、野鳥精神は次のような二つの強さをもっていると考えたのである。すなわち第一は、どんな大きな困難にもくじけず、あくまでも耐え抜くという強靭な精神である。最近さかんに問題とされている「辛抱強さ」とか「我慢強さ」のことである。そして第二は、どんな大きな困難にも恐れず、むしろ闘士を燃やし、敢然と克服してしまうという勇敢な精神である。それは、小さな野鳥たちの群が何千キロという広大な大洋をものともせず、敢然として渡り切る、あのすさまじいまでの逞しい精神こそその手本なのである。

こうした逞しい野鳥精神こそが創業時代の危機を克服した原動力となったのであり、いわゆる綜警精神の原点となったのである。もっともそれは、昔の荒くれた野武士たちの「なりふりかまわず生き抜く」という逞しい精神にいささか相通ずるものがあるといえると思う。

武士の精神に高まる

以上のように、野鳥精神で創業時代の難局を乗り切り、会社は急速に発展を遂げたが、大きな集団となってからは計画的に組織的に運営しなければならなくなった。当然に「なりふりかまわず生き抜く」という単純な野鳥精神では無理がでてきたのである。そこで「秩序正しく、計画的に堂々と勝ち抜き、発展を図る」という強く正しい武士の精神に高めることが求められるようになったのである。

実は会社発足の時から、私は「武士の精神」を理想の精神と考えていたのであり、当時吉田さんにそのことを話したところ「大いによろしい」と激励されたのである。

さて私は、武士の精神は次の三点で優れていると思っている。

第一に、昔の武士は何よりも勇ましい心、強い心を尊び、それをしっかりと身につけることを心がけたのであり、意気地なしとか臆病者といわれることを最大の恥辱と考えたものである。というのは、当時武士たちはその領土なり領民の安全を守ることを主たる任務としており、当然に武士たる者はその任務を立派に果たせるだけ強くなることが至上命令だったからである。たとえば外敵が侵攻してきた場合は、それがどれほど大軍であっても敢然として立ち向かい、撃退しなければならないし、また領内で不穏な動きがあった場合は逸早くそれを察知し、大事にいたらぬ前に鎮圧しなければならない。そのために武士たちは武芸十八般を習得し、平素から実力をつけるよう努力をしたものである。とくに、どんなに強大な相手でも少しも恐れない大胆な精神の持ち主になるよう鍛錬を行ったものである。

第二に、昔の武士は真剣に道徳を身につけ、立派な人格者になることを心がけたのである。というのは、当時の日本の社会では士・農・工・商の四つの階級に区別され、その中で武士階級は最高の指導者としての立場におかれ、当然に人びとから信頼され、尊敬される立派な人格者であることが要求されていたからである。そんなわけで、昔の武士たちは単に武芸だけでなく、文武両道を学び、円満な人格を陶冶することに努力したのである。たとえば、徳川時代では幕府も各藩も力だけで支配する武断政治より、道徳で納得させる徳治を理想としたのであり、中国で聖人として長く尊敬された孔子の流れをくんだ朱子学を官学に取り上げ、その教える「仁・義・礼・知・信」の五徳を道徳の基本として真剣に広めたのである。こうして武士の道徳は武士道として確立されていったのである。ところで中世の西欧で生まれた騎士道とよく比較されるが、私は日本の武士道の方がはるかに優れていたと信じているのである。

第三に、昔の武士は決して無謀な戦いはせず、すべての条件を徹底的に検討し、最善の戦略・戦術を策定し、整然と戦うことを心がけたものである。というのは、当時戦いに敗れると最悪の場合は一族すべて滅亡する恐れがあったので、なんとしても戦いに負けてはならない、と決意していたからである。それだから、心ある武士たちは競って兵法を学んだものである。中でも最も有名な「孫子の兵法」とか「六韜三略の兵法」は多くの武士たちに熟読され、徹底的に研究されたのである。たとえば、楠正成をはじめとして有名な武将たちは、いずれも優れた兵法者であったか、優れた兵法学者をその参謀に重用したといわれている。そして、戦いが始まった時はまず幹部一同を集め、作戦会議を開き、総知を集め、最善の戦略・戦術を策定するとともに、それを全軍に周知徹底させたのである。こうして全軍が混乱することなく、一糸乱れず、整然たる戦いを展開することができたのである。もし、それを無視して自分勝手に戦う者が出た場合は、軍律違反として厳しく処罰したものである。

以上述べたように、およそ昔の武将が戦いに勝つためには、まずもって立派な精神と優れた戦略・戦術を必要としたが、もちろん、それだけで十分とはいえず、その上に立って全軍が火と燃えて力戦奮闘することが必要である。それと同様に、綜合警備も創業時代には思いもよらぬ大きな困難に次々と悩まされたが、その時に立派な綜警精神が確立され、優れた企業戦略が策定され、その上に立って全社員が奮い立ち、総力を結集して懸命に努力した結果、さしもの大きな困難も次々と克服でき、会社は目覚ましい発展を遂げることができたのである。もちろん、今後も同じような努力をつづけ、会社の一層の発展をはからなければならないと考えているところである。

オリンピック東京大会こそ綜合警備の源流

オリンピック・ロサンゼルス大会を見て

さだめし皆さんはテレビでその実況放送を見られたことと思うが、アメリカ西海岸のロサンゼルスでオリンピック大会が華々しく開催された。さすがにアメリカがその名誉を賭け、国の総力を挙げて努力しただけあって、まことに盛大かつすばらしいオリンピック大会であった。

世界中から集まった選手、役員その他の人たちが人種的偏見、宗教的偏見、思想的偏見などすべての偏見を捨て、ただただ人間の善意だけを持って集まり、喜び合って作りだした平和と友好の祭典のすばらしさ、また世界一流の名選手たちが「より速く、より高く、より強く、より美しく」を目指し、力の限り世界一を競う各種競技のすばらしさはオリンピック大会の持つ大きな魅力で、世界中の人たちを感動させ熱狂させるものである。とくに主催国アメリカの人たちはすっかり満足し、喜び合ったようであった。

私はロサンゼルス大会の一部始終をテレビで見たが、まったく感慨無量であった。そして東京大会で経験したいろいろな苦労を鮮明に思い出したのである。

オリンピック東京大会の思い出

東京でオリンピック大会が開かれた際に私は図らずも組織委員会の事務次長を拝命し、安川会長の下で大会の準備と運営というとてつもない困難な任務を引き受け、悪戦苦闘をさせられた。なにしろオリンピック大会は世界中の人たちがその成功を固唾をのんで待ち望んでいるものであるから、主催国はどんな困難があろうともそれを克服して成功させなければならない。絶対に失敗は許されないのである。私はその大役を引き受けた時に責任の重大さに気がつき、身の引き締まる思いであった。

まず大会の準備の問題だが、大会を成功させるためには必要な施設を一つ残らず建設し、整備しなければならない。例えば、東京周辺の交通事情を改善するために首都高速道路なり環状道路をはじめ、必要な道路を次々に建設しなければならず、また羽田空港と都心を直接結ぶモノレールも新設しなければならなかった。

もちろん最も大切なことは、すべての競技を立派に行える本格的な競技場を、一つの欠点もなく新設して整備することと、選手、役員、報道関係者のための快適な宿舎を用意することであった。

とくに選手たちに満足してもらうためには便利で広々とした場所に選手村を新設しなければならず、その条件を満たす場所としてアメリカ軍将校ならびにその家族が居住していた代々木のワシントンハイツが最善であると考えた。そして早速アメリカ軍と明け渡してもらうための直接交渉を始め、ようやく承諾を得るや直ちに突貫工事を進めた結果、大会までには立派な選手村を完成させることができたのである。

ところで、これらの建設と整備についてとくに心配したことは、その突貫工事が大会前に一つの漏れもなく完了しなければならないということであった。まさに「待ったなし」で、現在の東北新幹線とか成田空港の建設のようにぐずぐずすることは論外であり、しかも突貫工事で建設されたすべての施設が世界中の人たちから感心される立派な出来栄えが要求されていた。そのため真剣に百点満点を心がけたのであり、九十九点の出来では不本意だったのである。

次に大会運営の問題だが、これまた世界中の人たちに納得されるような立派な運営でなければならず、やはり百点満点が要求されていたのであった。

もちろんそれらは至難のことであったが、心配しだしたら切りがなく、結局過去のオリンピック大会の中で成功した先例を徹底的に研究し、それに日本独自の工夫を加え、一応万全の計画を策定したのだった。

その計画どおり実行できるかどうかという問題はあったが、「案ずるより生むが易し」で、政府と東京都と民間が全面的に協力し、多数の優秀な人材を供出してくれたので計画を上回る立派な運営ができたのであった。

例えば、世界中から集まってくる選手たちに喜んでもらえる食事を提供するため、全国の一流ホテルの熟練したコックさんたちに全面的に協力してもらい、選手村その他で大いに腕を振るってもらった。

また、すべての競技場における膨大な量の記録を正確、迅速に中央で処理するため、ＩＢＭの専門家たちをアメリカから招き、全面的に活躍してもらった。

次に大会の役員をはじめ、ＶＩＰの輸送のため、トヨタ、日産等の一流自動車会社からピカピカの新車を多数提供してもらった。

さらにすべての競技場をはじめ、選手村その他の施設の管理、とくにその警備のために多くの係員を必要としたが、日本の優秀な警察官、自衛官、消防官、大学生に献身的に協力してもらった。

大会の運営にあたり、これら日本人の誠実な性格と優れた才能は外国の人たちに大変好評であった。そして私は、東京大会成功の最大の要因はこれら協力してくれた人たちの献身的な活躍によるものであった、と心から感謝しているのである。

オリンピック東京大会の収穫

私は東京大会でとてつもない大きな困難に悩まされて大変苦労したが、その中ですばらしい体験をして次のような大きな収穫を得ることができ、大変感謝している。

第一に何百という多くの困難に取り組んだが、どんなに大きく困難な問題でも誠心誠意、最善の努力を尽くせば必ず道は開け、問題は解決できることを悟った。それが私の強い信念となったのである。

第二に世界中から多くの人たちが来日したが、結局は皆同じ人間であり、私が「思いやりの心」をもってお世話をしてあげると一様に日本語で「ありがとう」と言って喜んでくれ、「思いやりの心」と「ありがとうの心」があらゆる人種、宗教、イデオロギーの人たちに必ず通用することを悟った。そしてこれまた強い信念となったのである。

第三に「オリンピック東京大会を成功させる」という同じ目標に向かって各方面の人たちが奮起してくれ、その中で私はたくさんのすばらしい友人、とくにすばらしい同志を持つことができた。

以上のように、東京大会を契機として私は強い信念とすばらしい同志を持つことができ、その結果、未知の世界である経済界に乗り出して新たに警備会社を創設する自信と勇気が生まれた次第である。

こうして創立されたのがわれらの綜合警備なのであり、換言すればオリンピック東京大会こそ綜合警備の源流だったわけで、そのことが創立以来力強く発展した原動力になったと思っているのである。

創業から守成へ

創業と守成

会社をはじめ、すべての勢力にとって、いわゆる「創業の時代」とは始まったばかりの時代のことであり、すべての条件が最低最悪であるので、その経営はまことに厳しく、難しいものである。それが「守成の時代」になると、すでに発展を遂げ、すべての条件が改善されているので、その経営はすっかり安定し、容易になっているはずであるが、昔から「守成は創業より難しい」といわれているし、実際にも守成の時代において失敗した例が少なくないのである。まったく理屈に合わない話だと思う。

前にも述べたように、綜合警備はすでに発展を遂げ、いよいよこれから守成の時代を迎えようとしているので、この際、なぜ守成の時代が創業の時代より難しいのか、その理由を徹底的に解明し、「守成の時代の正しい対応とは何か」ということについて、しっかり考えなければならないと思っている。その意味で、昔から「事を成すは窮苦の時にあり、事に破るるは得意の時にある」といわれていることと合わせて考えてみたいと思う。というのは、創業の時代はすべての条件が最悪であるので、まさに窮苦の時にあたり、守成の時代はすべての条件が改善されており、まさに得意の時にあたるからである。

ところで、人間は窮苦の時にはすべてが命がけで、真剣に考え、真剣に努力するので、立派な心が作り上げられる。すなわち、すべての困難を克服するため強く逞しい心が生まれ、すべての人に信頼されるため正しい心が生まれ、すべての人と助け合うため温かい心が生まれるのである。この「強い心」と「正しい心」と「温かい心」が物事を成功させるのだと思う。

ところが、人間は得意の時には心が緩み、すべてをいいかげんに考え、いいかげんな努力しかしないものであるから、立派な心が崩れ、つまらない心になってしまう。すなわち、強く逞しい心が弱く意気地のない心になり、正しい心がずるい心になり、温かい心が軽薄な心になってしまうのである。この「弱い心」「ずるい心」「軽薄な心」が物事を失敗させるのだと思う。

私が綜合警備を創設した時、「武士の商法」を提唱したことは前述のとおりだが、昔の武士たちは、まさに「強い心」と「正しい心」と「温かい心」を最も尊重したのであり、綜合警備もそれらの心を基本精神として大切にしてきたのである。そして、そのことが創業時代の大きな発展の原動力となったのである。そう考えると、守成の時代の正しい対応は簡単明瞭である。すなわ

ち、

一、この程度の発展に得意になって、絶対に心を緩めないこと。
二、いわゆる初心を忘れず、何事も真剣に努力すること。
三、その基本精神である「強い心」と「正しい心」と「温かい心」を大切にすること。
以上の三点を守れば、綜合警備は今後もより一層の発展をつづけていくことができると確信している。

その昔、平清盛は源氏の勢力を次々に打ち破り、ついに天下の権力を握ったのである。そして、当時の人びとから「平氏に非ざれば人に非ず」と言いはやされるほどに全盛を極めたが、平氏一族はすっかり得意になってしまい、都のお公家さんにかぶれ奢侈文弱に流れて武士の質実剛健の精神を失ってしまったために、源頼朝が関東の地で兵を挙げるや、たちまち崩れ、さっさと都を棄て、西の海に逃れて、ついに壇の浦で海の藻屑となって滅亡してしまったことは歴史上有名な話である。その悲劇を綴った『平家物語』の冒頭には次のように書かれている。

「祇園精舎の鐘の声、諸行無常の響あり。沙羅双樹の花の色、盛者必衰の理を顕す。驕れる者久しからず、ただ春の夜の夢の如し。猛き人も遂には滅びぬ。偏に風の前の塵に同じ」

企業を支えるもの

綜合警備を創立して以来、私自身、企業の経営者としていろいろ経験を積み重ねた結果、「企業とは何か」、また「企業を支えるものは何か」ということについて、私なりに一応理解できたような気がする。私の結論を申すと、「企業とは要するに人間の集団であり、やはり人間たちが作った社会の中で事業を営むものであるから、その企業を支えるものは、結局は人間の力であり、またその信用である」ということである。

例えば、綜合警備に例をとってみると、銀行から資金を融通してもらう場合、その決め手となるものは担保物権より当社の信用であり、結局それは当社の経営姿勢および経営能力、さらにはその実績の上に作られるものである。また、契約先が、数ある同業社の中から、とくに当社を選んで契約を結んでくれた場合、その決め手になったものはやはり当社の信用であり、結局それは当社の基本精神および警備能力、さらにはその実績の上に作られたものである。なお社員たちが当社に入社し、懸命に勤務してくれる決め手になっているのも当社に対する信頼であり、それは当社の基本精神および警備会社としての実力、さらには社員たちを大切にしてきた実績の上に作られたものである。

以上を考えてみると、警備会社を支えるものは、会社が大切にしている精神と会社の実力とその実績である、といえるであろう。

2　ありがとうの心

私の経営哲学

昭和四十年に会社を創立した時、実をいうと内心大いに不安を覚えたのであった。というのは大学を卒業して以来、約三十年間、ただ一筋に公務員生活を貫いてきた私にとって実業界は全く未知の世界だったし、また商売の駆け引きなどはとんと知らなかったからである。そんな不安に迷っていた時、元総理大臣の吉田さんから「君は日本の警備警察をつくり、さらに内閣調査室まで作った経験があるではないか、警備会社の経営ならまさに適任だ。また実業界でも信頼が生命であって、つまらない駆け引きなどは不要だ」と力づけてくれた。この激励に力を得て私はようやく警備会社の創立に踏みきったのであった。

私は若いころから人間にとって最も大切な心は「ありがとうの心」だと信じてきた。それだから戦後、日本人の心からこのありがとうの気持ちが失われてゆくのを残念に思って、円覚寺の朝比奈老師を中心として「ありがとう運動」を推進してきているのである。

さて、私は会社の経営に当たっても、この「ありがとうの心」を基本理念とすることに決めたのである。
まず第一は、警備のような誇り高い仕事に携われることをありがたいと思っている。もちろん、いかなる職業でもそれなりに社会の中で立派に存在価値を持っているはずである。しかし、それらの中でも警備会社ほど価値ある企業は少ないだろう。というのは警備会社は人びとの生命財産の安全を守る企業であり、いうならば人びとの幸福を守ることを使命としているからである。

その意味で警察や消防とならんで人びとから最も感謝される存在だと考えている。もっとも警備会社はあまり収益性の高い企業とはいえないし、また、仕事そのものも深夜の勤務が多く、決して楽なものではない。しかし、それだからこそむしろ社会的に価値ある企業だと信じているのである。

いうまでもなく自分の職業に誇りを持てるということは人間として大きな喜びだと思う。そういう意味で私は警備会社を経営していることを心からありがたく思っているのである。

第二は私の会社を信用して警備を依頼してくれている契約先がありがたいということである。現在でこそ注文も増えていささか応じ切れない有様であるが、会社を作った時は何分にも新種の企業だったために一般の認識がほとんどなく、なかなか契約に応じてくれる会社がなかった。要するにお手並み拝見という態度なのである。考えてみると自分たちの大切な生命財産を創立したばかりの会社に任せることには余程の決心が必要であって、躊躇する方がむしろ当然の話である。それだけに、ある大会社が私を信用してはじめて契約を結んでくれた時は、まさに躍り上がらんばかりの喜びであった。私はその時の「契約先ありがとう」の気持ちをいつまでも忘れてはならないと心に決めたのであった。

そういうわけで私は社員たちにも「契約先ありがとうの心」を失ってはならないと強く教えている。しかしそれは決して契約先にお世辞をつかえということではなく、契約先に対して精いっぱいに立派な警備を提供することだと信じている。

もっとも企業である以上は、良い商品を生産し、立派な仕事を提供することは当然の話である。しかし経営者の心の中にありがたいという心があるのとないのとではその価値に大変な違いがある。商売に経験のない私が契約先からとにかく信頼されている原因はこの心のおかげだと思っている。

第三は、私の会社で働いてくれている社員がありがたいということである。

日本には星の数ほども沢山ある会社の中でよりによって私の会社を信頼して入社し、そして日夜懸命に働いてくれている若いガードマンに対して心からありがたいと感謝している。

たしかに、日本の青年に対する評価は戦後かならずしも芳しくない。しかし、もし出来損ないの青年がいたとしたら、それは疑いもなく大人の指導が悪かったためだと信じている。例えば、昭和四十五年の万国博では私の会社から約千五百名の大量のガードマンを派遣したが、百八十日という長い間、たった一つの事故も起こさずあの広い会場を立派に守り切ってくれた。炎熱の中を一言の弱音もはかずに困難な任務を完遂してくれた彼らに対して、私は心から感謝するとともに、日本の青年のすばらしさを再認識したものであった。

そういうわけで、会社を信頼し日夜頑張ってくれている社員たちを心からありがたく思っており、最善の努力を尽くして社員の一人一人を幸福にしなければならないと決心しているのである。そのため創立以来、会社は社員の待遇改善に全力投球で努力をつづけている。さいわい、当社の株主は超一流の大会社ばかりなので、利益の配当は一切任せてくれており、その大部分を社員に還元することを認めてもらっている。

また、社員の意見や要望を大いに聞いて、経営の中にどしどし取り入れることとし、年間百回以上、社長と社員の直接対話を実施している。それは同時に社長から社員に直接「ご苦労様」とお礼をいう機会だとも考えている。

年間百回というと大変なようだが、私にとっては最も楽しい時間なのである。今後も健康が許す限り続けてゆくつもりである。

はじめに述べたように、会社の経営は私にとっては生まれて初めての経験であり、最初はどうなることかと内心大いに不安を覚えたのであったが、やってみると自分が驚くほど順調に業績が伸び、わずか八年間で世界五大警備会社の一つにまで発展することができた。商売の駆け引きも知らない私がこれまでやれたのは、まったく「ありがとうの心」で会社を経営したおかげだとつくづく思っている。

ありがとうの心を大切にしよう

敗戦のダメージ

太平洋戦争で日本はコテンパンに敗れたが、その際日本にとって大切なものを沢山破壊され、物心両面で甚大なダメージを受けてしまった。われわれは今さらながら敗戦というものが、いかに悲惨なものかを肝に銘じて思い知らされたのである。

まず物質面に受けたダメージを考えてみよう。ご承知のとおり、東京をはじめ全国の主要都市が次々にＢ29の無差別爆撃をうけ、住宅街も工場街もすっかり廃墟にされてしまい、その結果、日本の人びとは焼け野原の中で食うや食わずのドン底生活に落とされたのである。まったく悲惨な状態であり、今の若い人たちにはとても想像できないものであった。

次に精神面にうけたダメージを考えてみよう。なにしろ日本人にとっては史上初めての敗戦であったから、深刻なショックを受けてすっかり虚脱状態に陥ってしまった。そして昔から大切にしてきた美しい心、温かい心である「ありがとうの心」と「思いやりの心」を無残に破壊されてしまった。その結果、人びとの心はすっかり荒廃してしまい、とげとげしくなり、がめつくなり、けちくさくなってしまったのである。かえすがえすも残念に思う。

物質面のダメージは人びとが一生懸命に働き、経済的に立ち直れば元に戻すことも不可能ではない。現に日本は戦後、目覚ましい経済復興を遂げ、東京をはじめ全国すべての都市が戦前以上に立派に再建されて、人びとはまことに豊かな生活をエンジョイしている。物質面のダメージは跡形もなく修復できたといえる。

それに反して精神面のダメージは簡単に修復できるものではない。なにしろ二千年の歴史の中で、日本の人たちが苦心して作りあげた精神である。ひとたび破壊されると一朝一夕で元に戻すことはとうてい不可能である。しかも戦後、日本には新しいイデオロギーが流入し、戦前からの古い考えを押しまくってしまったので、「ありがとうの心」とか「思いやりの心」が立ち直る環境ではなかったのである。

要するに現在の日本は物質的には大いに豊かになったが、精神的にはまことに貧しくなってしまったままである。もしこんな状態を放置しておくと、それこそ日本の精神はその性根までがダメになってしまい、今後日本が立派に発展する可能性は失われてしまう恐れがある。今こそわれわれ日本人は「ありがとうの心」と「思いやりの心」を取り戻し、精神面のダメージを修復しなければならないのである。それができたとき、初めて日本の戦後は終わったと思ってよい。

ありがとう運動をはじめる

戦後、日本人の心がすっかり荒廃してしまったことを残念に思い、なんとかして「ありがとうの心」を取り戻そうと、東京オリンピックのあと宗教人と財界人が集まり「ありがとう運動本部」を結成した。そして円覚寺の朝比奈宗源管長が会長となられ、私が本部長を引き受けた。華々しく宣伝を行い、大々的に運動を展開すべきだという意見もあったが、われわれはあくまでも地味に、そして粘り強く運動を推進してきた。

私がこの運動に率先して共鳴し、その本部長を引き受けた動機は、実はオリンピック大会の体験の中にあったのである。ご承知のとおり昭和三十九年にオリンピック大会が東京で開催されたとき、私は組織委員会の事務次長を務め、世界中から集まってきた選手、役員たちのお世話をした。たとえ言葉は通じなくても、私が「思いやりの心」をもって誠心誠意親切に世話してあげると、彼らは例外なく「ありがとう」と感謝してくれたのである。そのとき痛感したことは、「ありがとうの心」はどんな人種の人でも、またどんなイデオロギーの人でも同じく持っている人間として本質的な心だということであった。

私が最も感動したのは閉会式の情景である。本来ならば開会式と同じく閉会式でも各国チームはそれぞれ隊を編成し、次々に整然として行進することになっていたが、東京大会では選手、役員たちがよほどうれしかったとみえて、すっかり興奮し、チーム別の編成などお構いなく、白人も黒人も黄色い人も混じり合って一大群衆となり、歓声をあげて会場になだれこんできた。われわれ役員たちはダッグアウトの中で待機していたが、せっかく準備した閉会式がメチャクチャにぶちこわされたものと思いこみ、真っ青になって立ち上がったものである。

しかし彼らの喜びに溢れた底抜けに明るい顔、顔、顔を見ているうちに、むしろ計画された整然とした行進よりも、この雑然としながらも、喜びが爆発した大群衆の行進の方がはるかにすばらしいことに気がついたので制止することをやめ、手を振って彼らの行進を迎えたのである。彼らもわれわれの前を「さようなら東京」と口ぐちに叫んで通りすぎたが、その中でわれわれの顔見知りの連中が「ありがとう東京」と呼びかけてくれた。その言葉でわれわれは涙が出るほど感動し、大会のすべての苦労がいっぺんに吹きとぶ思いであった。そして「ありがとう」という言葉がいかに偉大な力を持っているかを、痛いほど思い知らされたのである。

以上のような心境で大いに意気ごんで、「ありがとう運動」をはじめたのであるが、戦後の日本人には「ありがとう」という言葉を口にすることにどうも抵抗感があって、一応理解はしても、運動には積極的に協力してくれなかった。しかし抵抗感が強ければ強いほど、この運動の必要性を感じ、われわれは粘り強く運動を続けた。その結果、最近では次第に賛成する者が増え、大いに自信を強めているところである。たとえば警察で実施している交通安全運動でも、「お先にどうぞ、ありがとう」というスローガンが好評を得ているし、「父の日」「母の日」では「お父さんありがとう」「お母さんありがとう」と子供たちにも抵抗なく使われるようになっている。私は日本人の心の底に「ありがとうの心」がなお残っていたことを知り、大いに喜んでいるところである。

生きていることがありがたい

お恥ずかしい話であるが、最初私は「ありがとう運動」の本部長を引き受けた時には、この「ありがとうの心」にこれほど深い意味が含まれていることを知らなかった。ところが運動を進めながら自分自身でいろいろ考えてゆくうちに、人間にとってこれほど大切な心がないことに気がつき、一段とこの運動に力を入れるようになった。

まず自分の人生をありがたく思う者は、それだけ生きがいを感じることであり、当然に立派に生きる努力をするが、ありがたく思わない者はいいかげんな生き方しかできない。また社会をありがたく思う者はモラルを大切にし、社会に対して真心をこめて尽くすが、ありがたく思わない者は社会に尽くす気持ちになれない。

考えてみると、われわれ人間にとって何よりも大切なことは、「人間として生きていることがありがたい」という認識である。

仏教に「法句経」という経典があるが、その中に「やがて死ぬべきものの、今生きているはありがたし」という言葉があるということだが、私はこれこそが仏教の中で最も重要な哲理だと思っている。

かつてフランスのデカルトという哲学者は、「我考える、故に我あり」という有名な言葉を残しているが、数年前に死んだドイツのある哲学者はそれを「我感謝す、故に我あり」と訂正したそうである。私はこの後の考えの方が優れていると思っている。そして一度この哲学者に会って、直接に「ありがとうの心」についていろいろと聞いてみたいと考えていたが実現できず、残念である。

いうまでもなくわれわれ人間は自分だけの力で生きれるものではなく、三つの大きな力によって生かされているのである。すなわち第一に天地自然に生かされており、その天地自然をありがたく思わなければならない。第二に両親ならびに先祖のおかげで人間に生まれてきたのであり、両親ならびに先祖をありがたく思わなければならない。第三に社会の中で生かされており、社会に対して、特に国家社会に対してありがたく思わなければならない。私はそれらを〝三恩〟と呼んでいるが、そのことを次に簡単に説明してみたいと思う。

天地自然がありがたい

われわれ人間を含めてあらゆる生物は、天地自然の中で生かされているのであり、われわれはその恩恵を片時も忘れてはならない。それだから太古の昔から人びとは天地自然を神と崇め、信仰の対象としてきたのである。ところが最近、日本で「人命は地球よりも重い」と放言してはばからない政治家がおり、またそれに迎合するマスコミもある。まったく思い上がった人たちだとあきれているところである。

たしかに自然科学が進歩するにつれて、天地自然についてもその実体や現象が次第に解明されてはきたが、われわれはその謎が解明されればされるほど、天地自然に関する畏敬の念を強めている次第である。もちろん天地自然の創造については仮説の域にすぎず、とうてい人知では究明できることではない。それはともかくとして、われわれはこのすばらしい天地自然の中で生かされていることを、心からありがたく思わなければならない。

まず宇宙について考えてみよう。

最近宇宙科学は目覚ましい進歩をしたが、まだ無限に広がる広大な空間がどうしてできたのか、人間にはとうてい分かっていない。またその真空の中にどうしてガスが発生し、星雲ができ、太陽や惑星が生まれたのか、その無から有が生まれた原因ももちろん分かっていない。もし宇宙が有限の空間であったらまったく窮屈で不愉快だと思う。とにかくこの無限に広がる大宇宙の中に生をうけたことは、本当にすばらしいことだとありがたく思っている。

次に太陽について考えてみよう。

太陽についてもいろいろと解明が進んでいるが、それがどんな実体にしても何十億年間、一瞬の休みもなく太陽系の宇宙の中にとてつもない大量の光と大量の熱をふり注いでいることは、まことにすばらしいことである。もしその光が消えたら、地球は暗黒の世界になってしまうし、またその熱が止まってしまったら、地球は氷の世界になってしまい、すべての生物は当然に死滅してしまう。ということは、太陽こそ一切の生命の源泉だといえるのである。それだから太古の昔から太陽を「お日さま」と崇め信仰してきているのである。われわれは太陽の恩恵を心からありがたく思わなければならないと思う。

次に地球について考えてみよう。

もしこの大宇宙の中に天国があるとすれば、この地球のほかにないと私は信じている。第一に、この地球には太陽の光と熱が、それこそ適当にふり注いでいる。第二に、この地球はきれいな空気と美しい水をいっぱいに恵まれている。第三に、この地球には広い大陸と海洋があり、そこに人間が必要とする食料がふんだんに採取できる。第四に、この地球の地下には重要な資源が豊富に埋蔵されている。考えてみると、われわれ人間にとって至れり尽くせりの惑星なのである。まさに天国の条件をすべて備えているといわざるをえない。

要するに、われわれ人間は、すばらしい宇宙とすばらしい太陽とすばらしい地球の恩恵をうけて生きているのであるから、当然に天国を作ることができるはずである。ところが地球上の現実の社会は決して天国とはいえない。いたるところで対立と混乱がおこり、トラブルが起こっている。すなわち修羅の世界、餓鬼の世界、地獄の世界を現出しているのである。一体どうしたわけであろうか。要するに人々が大切な「ありがとうの心」と「思いやりの心」を失い、互いにがめつい我欲を押しとおそうとし、いがみ合っているのである。とくに民主主義の中で権利のみが強調され、人々の我欲が解放されたためにその傾向が強まっているのである。

もしこの天国の条件を備えた地球上で理想の社会を作りたいならば、真剣に「ありがとうの心」と「思いやりの心」を大切にし、皆で助け合い、譲り合い、辛抱し合う連帯の社会を作るように努力しなければならない。それこそがこの恵まれた天地自然の恩恵に応える正しい道だと信ずるものである。

両親と祖先がありがたい

この地球上には何億と数え切れないほど多種類の生物がひしめき合って生きているが、そんな中でわれわれが、よりによって万物の霊長たる人間に生まれたことは、まったく稀有のことであり、ありえないことであり、すなわちありがたいことなのである。

もっとも人間に生まれたことを当然のこととし、少しもありがたく思っていない人が多いようであるが、これはふざけた話だと思う。というのは、その人たちは人間に生まれるために一体どんな努力をしたのであろうか。もちろん何の努力もしなかったのに、気がついたら人間に生まれていたというだけである。犬だとか豚だとかゴキブリなどに生まれたとしても、文句をいえないはずである。

では、どうしてわれわれがいずれも人間に生まれたのか。それはただ両親が人間だったからである。考えてみると、われわれを人間に生んでくれたうえ、さらに一人前の人間にするために真心を込めて養育してくれた両親の恩は絶大であり、「父母の恩は山より高く、海よりも深し」といわれるゆえんである。そう考えると、われわれは両親を心からありがたく思わなければならないし、また心から大切にしなければならない。それがすなわち親孝行なのである。昔から「孝は百行のもと」ともいわれているとおり、親孝行は立派な人間になるためのモラルの基本である。だいたいに親孝行な人は人の真心に感謝する人であり、当然に人に対しても真心を尽くすから社会の中で人びとから信頼され、大成する。それに対して親不孝な人は人の真心が分からない人であり、人に対しても真心を尽くさないから、結局はだれからも相手にされず、社会の中で落後してしまうのである。

ところで、われわれ一人が生まれるためには二人の両親がおり、その二人の両親が生まれるためには四人の祖父母がいるわけである。そう計算して行くと十代前には一千人となり、二十代前には百万人となり、五十代前には驚くなかれ一千兆人という天文学的数字になる。もちろんこれは数字だけのことで、その中にはダブル人が多く、現実の数字がはるかに少ないことはいうまでもない。ただ言えることは、日本人の大部分が血がつながっており、日本人一億人がまさに同胞だということである。そう考えると、日本人はぜひとも同胞愛をもって仲良く生きなければならない。さらにその考えを広めていくと、日本人の血の中にはアジア中の人種の地も混入されており、アジア人はすべて親類だといえる。そこに大きな人類愛が生まれなければならないと思っている。

また、われわれの先祖の中にたった一人でも欠けていたら、自分は人間に生まれてこなかったはずであり、われわれは日本人の先祖をすべてありがたく思わなければならない。それとともに、われわれの先祖たちが血と汗を流してこの日本を守り、発展させてくれ、それをわれわれにバトンタッチしてくれたのであり、そのことを心から感謝しなければならない。そう考えると、われわれもこの日本を立派に守り、さらに発展させて次代にバトンタッチして、子供たちから感謝されるような立派な先祖にならなければならないと考えるものである。

社会とくに国家社会がありがたい

われわれ人間は万物の霊長だと大いに自負しているが、実は一人ぼっちではまったく無力な存在なのである。例えば自分の身の安全を守ることも一人では困難であるし、また豊かな生活を持つことも一人では困難である。そのことはジャングルの中で三十年間一人ぼっちの生活を体験してきた小野田少尉に聞いたらよく理解できると思う。それだから太古の昔から人びとは常に多人数が集まり、共同生活を営んで生きてきたのである。それがすなわち社会なのである。人びとは社会を作り、皆で協力することによって強大な存在になることができるのである。例えば、はるかに強力に自分たちの安全を守ることができるし、またはるかに豊かな生活を持つこともできるのである

古代では人びとは小規模な部族社会を作り、協力一致して自分たちの社会を守ったのであるが、その後、次第に部族社会が結合され大規模となり、近代ではいずれも国家社会に発展していることはご承知のとおりである。こうして社会は次第に規模が大きくなり、その機能も強化され、複雑化されてきたのである。しかし人間と社会の関係は本質的には変わっていないと思う。すなわち「人間あっての社会であるから、社会は何よりも人びとを大切にしなければならない。しかし同時に社会あっての人間であるから、人びとは何よりも社会を大切にしなければならない」ので

ある。

要するに、われわれ人間にとっては、生きるためにも幸福になるためにも、ぜひとも社会は必要な存在なのである。それだから社会を心からありがたく思わなければならないし、心から大切にしなければならないのである。もちろんそのことは国民と国家社会との関係にも当てはまることである。

では、われわれ国民は国家のためにどんな協力を尽くさなければならないであろうか。第一に、皆で協力して国家社会の秩序を守らなければならない。第二に、皆で協力して国家の安全と繁栄を守らなければならない。それが国家の中で生きる国民のモラルであり、義務なのである。

ところが人間はだれもが多かれ少なかれ自己中心性が強く、欲望がいっぱいである。要するに強い我欲の持ち主である。それが人間の本性であり、否定することはできない。しかし社会の中で人びとが我欲を押し通したら、いたるところでいがみ合いが起こり、対立と混乱で社会の秩序は崩れてしまう。従って国民は国家社会の中では我欲を抑え、「ありがとうの心」と「思いやりの心」をもって皆で助け合い、譲り合い、辛抱し合って国家社会の秩序と発展に協力しなければならないのである。

次に国民は一致協力して、国家の安全と発展を守るために、精いっぱいの努力を尽くさなければならない。それが国防の義務であり、納税の義務である。このことは自分が国家に生かされていることを考えれば、まったく当然の話である。

ところで戦後、民主主義をはき違えて、日本の人びとは自分を大切にすることばかりに夢中になって、肝心の国家を大切にする心をすっかり忘れている。要するにエゴイズムに陥り、愛国心を捨ててしまっているのである。本人たちはそれが新しい時代の考えだと思いこみ得意になっているようであるが、まったくふざけた話だと思う。というのは、国家の運命がダメになったら当然に国民の運命もダメになってしまうからである。どんな時代になっても、われわれ国民は国家に生かされている恩恵をありがたく思わなければならないし、心から国家のために尽くさなければならない。それが古今東西に通ずる不変の道理だと信じているのである。

ありがとうの心で会社を経営

昭和四十年、オリンピック東京大会の残務整理が一応片付いた機会に私は思い切って経済界にとびこみ、警備会社の創設に踏み切ったのである。しかし、なにぶんにも大学卒業以来三十年間、役人生活ひと筋に過ごしてきた私には、経済界はまったく未知の世界であり、もちろん商売のコツなど知る由もなかった。そこで自分の信念である「ありがとうの心」と「武士の精神」を会社の基本精神として、その可能性を試してみたのである。当時、私の友人たちは「この世知辛い経済界の中で、そんなばか正直な経営で成功するはずはない」と忠告してくれたが、そんなときに

元総理大臣の吉田茂さんから、

「経済界も信用が第一だ。ばか正直で大いに結構。君の持ち味で頑張れ」

と激励されたので、私は勇気百倍し、会社の創設に踏み切ったのである。

なにしろゼロからスタートしたのでいろいろと苦労を重ねたが、各方面の協力を受けて会社は躍進をつづけ、今日、わが国で最大の警備会社に発展することができた。結局、「ありがとうの心」を基本精神としたことが正しかったことが立証でき、この実績を踏まえて今後もこの方針で経営をつづけるつもりでいる。

次に私が実践した「ありがとうの心の経営」について具体的に述べてみたいと思う。

第一に、日本あっての会社であるから、日本を心からありがたく思い、会社は精いっぱいに日本に貢献しなければならないと努力している。もちろん、どんな企業でもそれなりに国家に対して貢献しているが、その中でも警備会社は日本の中で大切な生命、財産等の安全を守るという重要な任務を果たしているのである。われわれはそのことに大きな誇りを持ち、全力投球で警備している次第である。また日本にとってとくに重要な警備については、商売気を離れて警備の重責を果たしている。例えば昭和四十五年に大阪で万国博が開催された際には千五百人の警備士を六カ月間派遣したし、五十四年の東京サミットでは延べ五千人の警備士を派遣し、いずれも無事大任を果たすことができたのである。以上のように、日本のために大いに貢献をしているという自覚こそが社員一同の士気を高揚させており、また社会の信用を高めている。日本に貢献することは金銭的にはプラスにならなくても、精神的に大きなプラスになると喜んでいる次第である。

第二に、契約先あっての会社であるから、契約先を心からありがたく思い、精いっぱいに立派な警備を提供するよう努力している。現在、日本には何千もの警備会社があり、その中でとくに当社を選んで大切な生命と財産の警備を委託してくれているのであるから、会社としては契約先の信頼と期待に応えるべく全力投球で最高の警備を実施しなければならないと心がけているのである。こうしたわれわれの誠意が次第に認められ、会社の信頼も高まり、現在、大会社の本社ビルとか超高層ビルなど重要施設の大部分の警備を引き受けている。私としては契約先に喜んでいただくことが商売冥利だと、ありがたく思っているところである。

第三に、社員あっての会社であるから、社員を心からありがたく思い、精いっぱいに社員を大切にすべく努力をしている。とにかく当社を信頼し、入社し、そして毎日一生懸命に働いてくれる社員こそ会社の宝だと思っている。その社員を不幸にしてはならないと考え、とくに酷使したり、搾取してはならないと考えている。そこで社員との対話と待遇改善に全力投球で努力している。すなわち年間百回を目標にして社員との対話を行い、社員の意見と要望を聞かせてもらっているわけである。

かつて会社の創業時代の苦しいころ、年末のボーナス資金がなくて困っていたころ、社員たちから「会社が困っているならボーナスはあきらめる。それより会社の発展に努力してほしい」と激励されたことがある。私は社員たちの心意気を心から感謝し、正月の餅代だけで我慢してもらったが、その時の感謝の気持ちを忘れないために、年二回のボーナスのほかに、一月に餅代をプラスアルファとして出している。私は社員の喜ぶ顔を見るのが社長の最大の喜びだと考えている。

いうまでもなく会社は、社員たちが集まって作っている一つの社会であり、一つの運命共同体なのである。当然に社長をはじめ社員一同、会社を大切にしなければならないのである。そのためにはぜひとも我欲を抑えて、「ありがとうの心」と「思いやりの心」でもって助け合い、譲り合い、辛抱しあって会社の発展に努力しなければならないと思っている。

戦後、日本にはいろいろの新しいイデオロギーが流入し、大いに幅を利かしているが、もしそれらが「ありがとうの心」と「思いやりの心」を無視するようであったら、社会の中に対立と混乱が起こり、結局は行き詰まり、破綻してしまうはずである。そのことを私は自分の会社の経営の中ではっきり思い知った次第である。

私は「ありがとうの心と思いやりの心の枯渇した社会の中で、人びとが幸福な人生を求めることは、ちょうど水分と肥料分の枯渇した砂漠の中で、美しい草花を咲かせることと同様に不可能なことである」と固く信じている次第である。

歴史に対する感謝

敗戦後、日本に対して打ち出されたアメリカの占領政策はまことに厳しいものであった。

「日本は大きな間違いをおかした。日本人の今までの考え方を改めなければならない。そのためにはまず日本の古い指導者を追放し、ついで教育制度を改革し、日本歴史を再検討しなければならない」

というのである。

こういう強い占領政策の下で、日本人の多くは腰を抜かしてしまい、今まで大切にしてきた道義観に対し自信を失ってしまった。また日本の歴史に対する誇りを惜しげもなく捨ててしまったのである。最も醜態だったのは、日本人が世界一と自慢してきた日章旗を見向きもしなくなり、押し入れか物置きの奥深くにしまったことである。

オリンピック東京大会が行われたとき、そこで最も印象に残ったものは、世界中の青年が自国の国旗を先頭に掲げ、誇らしげに行進した姿であった。日本の人たちもその雰囲気にまきこまれて、日章旗に対して心からの拍手と声援をおくったものである。ところが、日章旗に対する拍手はオリンピックの会場内の一時的現象に終わり、大会が終わると再びもとの状態に戻ってしまった。

一体、これはどうしたことだろうか。いうまでもなく、日本人が前科者的な意識をいまだに拭い切れず、日本の過去と現在に対し誇りと感謝の気持ちを取り戻せないためである。

どこの国でもその歴史を検討すれば、その中には間違いもあれば成功もある。しかし、その長い歴史の中で曲がりなりにも民族の幸福と発展を求めて努力してきた自分たちの先祖に対しては、心から敬意を表せざるをえない。もちろん戦前のように日本の歴史を世界無比のものとして無条件に謳歌するつもりはない。しかし一度の敗戦で急に日本の歴史を恥ずかしいものと思う態度はあまりにも不見識である。私は戦争には負けたけれども、日本人はやはりすばらしい民族であり、日本の歴史もまた誇り高きものと信じている。だいたい自分の国の歴史に誇りをもてない民族ほど哀れな話はないと思う。

毎年正月には、私は明治神宮か靖国神社に参拝することにしている。多くの参拝者の中に混じって鳥居をくぐる気持ちはすがすがしいものであり、「さあ、今年も頑張るぞ」という気持ちが自然にわいてくる。また、地方に旅行した時も、できるだけその土地の神社に参拝するようにしている。土地の善男善女が参拝している姿を見ていると、たしかに氏神様であり、人びとの精神的なより所であるという実感がわいてきて、私までが楽しくなるのである。神社に参拝に行くと、土地の人はかならずその御祭神の偉大さについて説明してくれる。もちろん私は御祭神に対して頭を下げるのだが、実は同じに御祭神に協力した多数のご先祖たちにも感謝の意を捧げている。

今日、われわれがこの社会に生活できるのも、すべて私たちの先祖たちが命がけで国づくりしてくれたおかげであり、私たちは日本の歴史に対し、その先祖の人たちに対し、感謝の心を忘れてはならない。その先祖の中でとくに立派な功績をあげた偉人を先祖全体の代表者として、神と崇め祀るのである。これが私なりの解釈である。例えば乃木神社に参拝する時は、日露戦争で奮戦した陸軍の将兵全部に対しても頭を下げているのであり、東郷神社の場合は海軍の将兵全部に対しても頭を下げているのである。おそらく乃木大将も東郷元帥も、それでなければわれわれの参拝を気持ちよくお受けにならないと信じている。その点、靖国神社ではすべての英霊を神として祀ってあるので、まことにはっきりしている。

そう考えてくると、神社参拝は、〃ご先祖様ありがとう〃の心から出たものであり、ありがとうの心が国民の中に広がってゆくに従い、国民の敬神崇祖の念が強まってゆくはずである。言いかえると、神社参拝が多くなることは、とりもなおさず、人びとの心に「ありがとうの心」が広まったことを示す度量衡でもある。

鏡獅子——六代目菊五郎丈の思い出

菊五郎劇団の二十周年記念興行を歌舞伎座で見て、車を走らせながら、私はいつか思い出のなかに帰っていた。

林立する近代ビルの上を美しい夕焼け雲が流れていた。

私は戦争中ふとしたことから、六代目菊五郎丈と親しくおつき合いする機会を得た。

さすがに芸道の極致に達した人は、人間国宝と呼ぶにふさわしい大きな魂の持ち主であった。そのうえ生粋《きっすい》の江戸っ子気質《かたぎ》まる出しの、ほんとうに楽しい人柄であった。

大戦もいよいよ最後の段階に突入した昭和二十年の六月末のことであった。東京はたび重なる空襲でほとんどが焼け野原となり、多くの人たちはいなかの知人、縁者を求めて疎開してしまった。しかし、なお多くの人びとは焼け残った家屋や防空壕にがんばり、食うや食わずのぎりぎりの困窮生活をつづけていた。東京都は最後の切札として、都知事に西尾寿造大将を任命し、決戦非常の体制下にあった。その中で私は総務係長として、罹災者の救護や義勇隊の結成の仕事を仰せつかり、すっかり疲れ果てていた。

そんなある日、突然六代目菊五郎丈のお使いとして、俳優の鯉三郎さんがたずねてみえた。

「六代目菊五郎丈は空襲下に悲壮な気持ちでがんばっておられる東京の人たちに芝居をお見せして、少しでも励まし慰めたいと考えておられるが、どんなものでしょうか」というご相談であった。

当時東京ではどこの劇場も閉鎖されてしまっていた。

「ほんとうにありがたいお話ですが、軍部の許可が必要でしょうから数日待っていただきたい」と私は返事をした。

それから二、三日すると、今度は六代目みずからたずねてみえた。私は驚いて応接にでた。ふくよかな面立ちも、さすが空襲下の生活で、心なしかやつれてきびしくみえた。

私は「ようやく関係方面の許可もとれました。ぜひ立派な芝居を見せてください。しかしどんなところで芝居をなさいますか」とお尋ねした。

六代目はほっとした表情で、しかしきっぱりといわれた。

「日比谷公園で、空襲の下でやりましょう」

「生命《いのち》がけですね」

「その覚悟です」

私は江戸っ子、六代目菊五郎丈の覚悟のほどを知って、ハッと全身を打ちたたかれたような痛みを覚えた。

六代目はただちに芝居の準備にとりかかられたが、その働きは言語を絶するものであった。地方に散り散りになった俳優を集めようとしても、疎開先の居所を探すのに一苦労だった。舞台装置や衣装なども完全なものはとても望めないので、あり合わせのもので間に合わせることになった。

そうして「準備は全部できました。さあ、いつやりましょうか」と六代目がおしらせにみえたのは、暑い夏の日の八月十日であった。

しかし、ちょうどその直前に、私は「日本が秘かに降伏を申し入れた」という極秘情報を耳にしていた。

私は悲しい気持ちをかみしめながら、「何も申しあげられませんが、芝居は見合わせることになりました」と元気のない口調でお話をした。六代目は口を堅く結んで、私の顔をじっと見つめておられたが、やがて「わかりました。何も聞きますまい」といって、しばらく雑談をして帰って行かれた。

それから五日後、終戦の詔勅が放送され、日本は敗戦国として、窮乏と混乱と虚脱の中にもみくちゃになっていったのである。

何ヶ月か後で、六代目は当時の心境を私にしみじみと語られた。

「私はあなたの話で日本が敗れたことを知り、沈痛な気持ちで電車で帰宅しました。電車の中からも一面の焼け野原を見て、もしこの広びろとした土地を今買い占めたら、ただみたいな値段で買える、そして自分は大金持ちになれるだろう。しかし皆が敗戦を知らないでがんばっている。人びとが困っているとき自分だけが私腹を肥やすようなことは、江戸っ子の自分にはできない。しかし、江戸っ子でないやつがひと儲けたくらんだら困ったことになる。あのとき、こんな心境でしたよ」

私はさすがは江戸っ子だと、そのすっきりした心意気にほとほと感じいってしまった。

一ヶ月もたつと、悪夢の状態から目覚めて立ちあがる人びとの姿が少しずつ目につきだした。当然のことながらヤミ屋がまず横行した。

それにつづいて意外にも歌舞伎の人びとが腰をあげ、猿之助は東劇で「黒塚」を出し、六代目は帝劇で「鏡獅子」を出すことが発表された。打ちひしがれて暗い生活をしていた東京の人たちに、パッとともされた谷間の灯であった。私は自らを〝敗れてなお日本人であれ〟といましめ、叱責して立ちあがろうとしていたときだけに、もういちど両優の江戸っ子気質のみごとさにあっけにとられてしまった。

そんなとき、松竹の役員さんが私のところにたずねてみえた。

「六代目が近く帝劇で芝居をすることになりました。ところが六代目は最初の三日間を東京の焼け出された気の毒な人たちに無料で見てもらいたい、というのです。松竹としては戦後はじめての芝居だから、ふたあけを賑々《にぎにぎ》しくやり、最後の三日間を提供したいと思うがどうだろうかというと、六代目は都庁のあなたに意見を聞いてほしいというのです」

私は六代目の見識に感心しながら、私のことを忘れないでおられた六代目の人情の深さに胸がつかえる思いであった。

「六代目のお気持ちは尊いと思います。私からもぜひ頼みます」とお願いをした。

松竹では興行上非常にぐあいが悪いのだがといいながら、最初の三日間の観覧券を全部私のところに提供してくださった。私はただちにその趣旨を添えて、各区役所を通じて罹災者に配ってもらった。

さて、出し物は六代目のおはこといわれる「鏡獅子」のほかに「東京復興」という現代劇であった。この東京復興は六代目の熱望により出されることになったそうであるが、そのアラ筋は、大震災で焼け野原になってしまって、東京も終わりだと多くの人たちがいなかに離散して行く中で、主人公が「おれたちの東京だ、見捨てられるか」と一人でがんばる。次第に皆も力を合わせて、とうとう昔以上の町に復興させてゆくという簡単なものである。しかしその主人公になった六代目の舞台での熱演は真剣そのもので、芝居以上のものであった。

舞台の上から「戦争で東京は焼け野原になった。しかしおれたちの東京だ。石にかじりついてもがんばろう。そして一日も早く戦前よりも、もっとすばらしい東京にしようではないか」と都民に直接呼びかけている姿なのである。

観客は心から感激して、叫びながら拍手をおくった。私も夢中になって拍手をおくった。涙がとめどなく流れてきた。

「そうだ、日本人のみんなが、六代目のような気持ちになって立ちあがれば、日本の前途はかならず開けるのだ」

もやもやした暗い気持ちが一掃された思いであった。六代目は、昭和二十四年七月十日、そんな思いを残してこの世を去られた。

いまや東京は驚異的な発展を遂げ、世界最大の近代都市になった。

私は最近、世界を一周旅行して、世界中で東京ほど自由で平和で繁栄している大都会は少ないという事実を知った。六代目もきっとあの雲のうえで東京を見ながら、どんなにか喜び、驚いておられることだろう。

心に深く刻まれた思い出は、昨日のことではなく、明日への私たちの行く道までも教えてくれる。私はこんな話を孫たちに語り伝えてやりたいと思う。

いつか、歌舞伎界で菊五郎追善の興行を計画されるようなことがあったら、ぜひ「鏡獅子」と

「東京復興」を上演してほしいものである。

（「ＰＨＰ」昭和43年7月号）

知識と技術だけでは幸福にならない

以前カンボジアに旅行した時、私は思い切って密林の中に聳えているアンコールワットの遺跡を見に行った。さすがに世界の七不思議の一つと騒がれただけあり、まことに雄大かつ美しい遺跡であった。その時受けた感動は今でも鮮やかに残っている。

まず城門に向かって参道を進んだところ、道の両側に人間の姿をした石像が並んでいた。案内してくれたカンボジアの青年のキューさんは「左側に並んでいるのは悪い神様で、右側に並んでいるのは善い神様です」と教えてくれた。言われてみると、悪い神様はいずれも意地悪でずるそうな表情をしていたが、善い神様はいずれも親切で誠実そうな表情をしていた。私が感心していると、さらにキューさんは「悪い神様とは人々を不幸にしようとする悪い心を持った超能力者のことで、よい神様とは人々を幸福にしようとする善い心を持った超能力者のことです」と説明してくれたのだった。

考えてみると、日本では前者を鬼と称して恐れ、後者をすべて神と称して敬っており、西洋では前者を悪魔と称して嫌い、後者を神と称して愛しているのであって、要するに洋の東西を問わず、幸福を願い、不幸を恐れる人間の心情はまったく変わらないものであるということを知ったのであった。

太古の昔から人間は生きるために、そして幸福になるために考えられるあらゆる努力を尽くしてきたのだが、その努力の中で人間の知識と技術は際限のない進歩向上を続けてきた。それは人間が万物の霊長たるゆえんであって、まったく頼もしいかぎりである。

ところが二十世紀に入ると、いわゆる科学技術文明の発達は目を見はるばかりで、むしろ空恐ろしさを覚えるようになってきた。

というのは、今や人間が神様や悪魔も顔負けするほどの超能力を持つようになったからである。

例えば宇宙科学の発達により、宇宙の中を自由に探査し、旅行できるようになった。また原子力の開発により、地球上の生物を抹殺できるようになった。そしてコンピューターの開発と通信技術の発達により、高度情報社会を作れるまでになった。さらに最近は新素材の開発とか、バイオテクノロジーの発達とか、光通信の開発とか、スーパーコンピューターの開発とか、まさに技術革新のラッシュ時代の観がある。人々はその中で有頂天になって突っ走っているが、一体人間はこれからどこに行くのか、この際われわれは人間の本質と限界をしっかり見極めて冷静に対処すべきだと思う。

第一に、人間はどんなに進歩しても所詮は人間で、全知全能の神様にはなれない。あくまで未熟不完全な部分が残るはずである。バベルの塔の戒めを忘れてはならない。

第二に、人間が超能力を持つに至った現在は、それを動かす心のいかんが重要なのである。もし善い心を持てば神に近づけるが、悪い心を持てば悪魔に近づくことになってしまう。

要するに、人間にとって知識と技術は大切だが、それだけでは幸福にはならない、ということなのである。

自由と平等だけでは立派な社会を作れない

民主主義と共産主義

ご承知のように、現在の世界にはアメリカをリーダーとする自由と民主主義の国々と、ソ連（現ロシア）をリーダーとする共産主義の国々が存在しているが、いったん民主主義と共産主義のどちらが優れているのか、分かりやすくいうと、どちらが国民をより幸福に出来るのかが世界で最大の問題となっている。

もっともソ連の指導者たちは「共産主義こそ絶対不謬の真理だ」と信じこんでいるし、一方、アメリカの指導者たちは「自由と民主主義こそ最善の思想である」と固く信じている。

フランス革命が掲げた理想

私はこの際、近世の夜明けとなったフランス革命を振り返ってみる必要があると思っている。

もっとも革命の内容そのものは血なまぐさく、決して褒められたものではなかったが、その際、理想として掲げられたスローガン、すなわち「自由」と「平等」と「博愛」はまったくすばらしいものであった。その三つの理想がフランス国旗の色である青と白と赤の三色に象徴されていると聞いている。

まず世界は自由を求めた

さて、その後の世界は躊躇することなく「自由」を求めた。その結果、イギリス、フランス、アメリカ等の先進国が先を争って自由と民主主義の国家に生まれ変わった。

そしてこれらの国々では自由競争の経済を選び、資本主義経済の国家として大いに発展することができたのであった。

当然にこれらの国では国民は自由と人権が認められた上に、豊かな生活を持つことになったわけである。

しかし、これら資本主義経済の中で貧富の格差が生まれ、プロレタリアの大群を作り出す結果となってしまった。

次に世界は平等を求めた

その結果、世界中に「平等」を求める風潮が強まり、資本主義体制を打倒せんとすべく社会主義、さらに共産主義の思想が勢いよく台頭してきた。しかし資本主義体制を打倒する暴力革命はなかなか実現できなかった。

ところが、第一次世界大戦のどさくさに紛れてロシア革命が成功し、初めて共産主義国家であるソ連が誕生したのであった。さらに第二次世界大戦で、それまでソ連の膨張政策を封じこめていたドイツと日本が敗退したため、その勢力下にあった東ヨーロッパと中国と北朝鮮などが次々に共産化してしまった。

こうして自由主義陣営に対する大きな共産主義陣営が作り上げられてしまったのである。

ソルジェニーツィン氏の嘆き

さて五十九年、ソ連のノーベル文学賞作家のソルジェニーツィン氏が来日した時「今やソ連とアメリカという相反する二大国家が崩壊という共通の現象を起こしている」というショッキングな講演を行い、日本の人々を驚かせた。

彼はソ連の暗い独裁政治に憤りを感じ、『収容所列島』という小説を書いたため政府の弾圧を受け、ついにソ連からアメリカに安住の地を求めて亡命したが、そこで堕落した民主主義社会の姿を目のあたりにしたのですっかり落胆してしまったのであった。

米ソ社会の病気

たしかにソ連では共産党の独善的で強引な独裁政治がつづいて、国民のエネルギーはすっかり萎縮してしまい、さらに官僚たちの非能率な統制を受けた計画経済の中で国民はやる気を失い、そのため労務規律は大いに乱れ、技術革新は一向に進まず、その結果、経済不振はどうにもならないという有様になっているのである。

なお国民にはその不満を強い酒で紛らわす習性があり、そのためアルコール中毒患者がますます増加し、平均寿命も低下の傾向にある。まさにソ連国民はソ連病にかかり、その共産主義社会はすっかり行き詰まっているといえよう。

一方、アメリカでは国民は自由と民主主義の中で溺れてしまい、すっかり自己中心性が強まって自分だけを大切にして、人々を大切にし、社会を大切にする気持ちを失ってしまった結果、いろんなトラブルが起こってしまった。

例えば夫婦の離婚率は相変わらず高く、そのため家族制度が破綻して少年の非行が増加している。また最近は凶悪犯や麻薬中毒患者も増えており、さらに性道徳も崩れてエイズという恐ろしい病気も蔓延している。

博愛の理想を忘れた失敗

要するに「自由」を求めたアメリカの民主主義社会は崩れつつあり、「平等」を求めたソ連の共産主義社会は行き詰まったわけなのである。

それは人間社会にとって最も重要な「博愛」の理想を忘れ、その上に生まれたモラルを捨てたためだと思っている。

人々を大切にすることがモラルの原点

そもそも人間は人々と助け合うことによって強くなり、豊かで楽しい生活ができるのである。

それだからすべての宗教は自分だけを大切にする利己心を戒め、人々を大切にすることを説いている。

すなわち、キリスト教は「愛の心」を、仏教は「慈悲の心」を、儒教は「仁の心」を持つことを説いているのである。

ところが自由主義の国の人々は宗教を軽視し、人々を大切にせずに自分だけを大切にしたためモラルが崩れ、その結果、社会の秩序も崩れてしまった。

一方、共産主義社会では宗教を阿片であると否定したためモラルも捨ててしまい、国民を愛することも忘れて独裁政治を断行し、また他民族を愛することを忘れていわゆる覇権主義に陥ってしまった。

要するに、人間が立派な社会を作るためには「博愛の心」をもって、人々を大切にするというモラルを大切にしなければならないと考えている。

人間らしく生きる

あくまでも人間である

われわれはあくまでも人間であって、絶対の神でもなければ、ただのアニマルでもない。もちろん機械で作られたロボットではない。それだからあくまでも人間らしく、精いっぱいに生きなければならないと思う。それ以外に人間は幸福になれないはずである。

人間は神ではない

人間は全知全能の絶対の神ではなく、例外なく不完全であり、未熟である。それが人間の本能であって何も驚くことはない。むしろ、そこに人間の生きがいがあると思っている。すなわち、不完全だから失敗はするが、成功した時は喜びである。また未熟だから進歩改善の余地があり、それも喜びなのである。もし全知全能だったら、そうした喜びを持つことはできないと思う。

考えてみると人間は永久に未完成であり未熟である。それだから生きている限り向上する可能性があると思う。ところが世の中には少しばかりの才能を鼻にかけて得意になっている者がいるが、ばかげた話である。自ら向上の可能性を捨てたとしか考えられない。ちょうど富士山の一合目で満足してしまい、それ以上登ろうとしない態度である。

人間は向上するところに生きがいがあり、幸福があるのである。最近は〝人生は頂上のない山登り〟だとつくづく思っている。

人間はアニマルではない

次に人間は本能のままに生きているアニマルではなく、立派に理性とモラルを持っている。それが万物の霊長たるゆえんである。人間は元来、欲望いっぱいであり、もしも本能のままに行動したら、それこそいがみ合いが起こり、すべての禍が起こるのである。それを抑えるのが理性とモラルなのである。

戦後、いわゆるヒッピー族が増え、本能のままに生きるのが最も人間らしい生き方だと思いこんでいる。それはまさにアニマルに堕落した姿であり哀れである。もしも彼らだけを集めて共同生活をさせたら面白い結果が生まれると思う。おそらく一カ月もたたないうちにいがみ合い、収拾のつかない混乱が起こり、やむなくルールを作って解決しようとする。そして、一、二年もたつと、そのルールが現在のモラルに近寄ってくるはずである。

要するに人間は理性とモラルがあるから立派な社会を作れるし、立派な人生を持てるのである。

人間はロボットではない

また、人間は機械で作られたロボットではなく、一人一人が独自の「心」を持っているのである。「心」を持っているから人間の尊厳があると思っている。たとえ世界中の富を集めても、また世界中の技術を集めても、たった一人の「心」を作ることはできない。その「心」を無視すると、イデオロギーは暴論となり、政治は暴政となるのである。

マルクスは優れた学者かもしれないが、人間の「心」を理解できなかったようである。彼は宗教を否定し、私有財産を否定し、家族を否定した。そして共産主義の段階に進むと「国家は消滅し、人びとは欲望に応じて消費できる」というような空想的学説を主張したのである。

現在、世界に存在する共産主義国家は例外なく独裁政治をつづけており、国民の「心」はまったく踏みにじられている。機械で作られたロボットなら苦痛を感じないだろうが、「心」を持った人間には耐えられないことである。

人間はその「心」が尊重される社会の中でのみ、はじめて幸福になれるのである。

人生を大切にしよう

人間に生まれたことはすばらしい

この地球上には数え切れないほど沢山の種類の生物がひしめき合って生きている。その中でわれわれが、よりによって万物の霊長たる人間に生まれたことはまったくすばらしいことである。ゴキブリやドブ鼠などに生まれてこなくて本当によかったと思っている。

では、われわれは人間に生まれるためにどんな努力をしたのだろうか。実はなんの努力もしたわけではないのに、気がついた時は人間に生まれていただけである。まったく幸運だったというほかない。まさに希有のことであり「ありえないこと」であり、「ありがたいこと」なのである。

そのことをわれわれはしっかり認識しなければならないと思っている。

価値のある人生を求めよう

いうまでもなく、われわれは一人残らずやがて死んでゆく運命にあり、そして二度とこの世の中に生まれ変わることはできない。要するに人生はぶっつけ本番であって、一回限りなのである。何億円の大金を出しても買い戻すことはできない。その一回限りの貴重な人生をいいかげんにすごしたら罰が当たると思っている。

社会あっての人間である

たしかに人間は万物の霊長であるが、一人ぼっちだとまことに無力な存在であって、一人ではとても生き抜く力はないし、もちろん豊かな人生など持つことはできない。そのことは無人島に一人取り残されたら、思い知るはずである。衣食住には困るし、外敵から身を守ることもできないのである。

それだから人類は昔から、かならず多数が集まって共同生活を営んできた。それがすなわち社会なのである。

要するに人間は社会を作り、皆で力を合わせることによって、強力な存在となり、その結果、豊かで安全な人生を持つことができるのである。たしかに人間あっての社会であるが、同時に社会あっての人間なのである。今後、時代がどれほど進んでも人間は社会なくしては幸福になれないと思っている。

モラルと法律が社会を守る

元来、人間は自己中心性が強く欲望がいっぱいである。要するに我欲が強いのである。それが人間の本質であり、頭から否定することはできない。

しかし、われわれは社会の中で多くの人たちの共同生活を営んでいる以上、お互いに助け合い譲り合って仲良く生きなければならない。我欲を押し通し、勝手な行動をすることは許されない。そんな勝手な行動を許したら、いさかいが起こり、社会は混乱し、ガタガタに崩れてしまうのである。それだからすべての社会には勝手な行動を許さないルールが作られる。それを人びとの自制に期待するのがモラルであり、国家権力で強制するのが法律なのである。もし人びととモラルが高ければそれだけ国家権力が乗り出す必要は少なくなる。ということは自由を望むなら立派なモラルを持たなければならないのである。

人間には美しい心がある

たしかにモラルとは社会の秩序を守るために人間の英知が作り出したものといえる。しかし、私はモラルは知恵だけで作ったものとは思いたくない。

人間は大なり小なり生まれながらに美しい心を備えている。その心からモラルが自然に生まれるのである。その美しい心とは「ありがとうの心」と「思いやりの心」のことである。これら美しい心があるから、人びとは「心のふれ合い」ができるのだし、また「社会の中で生かし生かされる」というすばらしい人間関係が出来るのである。モラルはそうした関係の中で自然に生まれると思っている。

人間はこうした美しい心を持っているからすばらしいのであり、またモラルはこうした美しい心に支えられているからすばらしいのだと私は信じている。

モラルが民主主義を守る

現代はまさに民主主義万能の時代である。確かに民主主義はすばらしい。しかし民主主義ならすべて善なのだろうか、私にはそうとは思えないのである。モラルに支えられた民主主義だけが善なのであって、モラルを捨てた民主主義はデタラメ主義に堕落し、むしろ最悪だと思っている。

民主主義は人間の自由を尊重し、人間の権利を尊重する。そのことは人間にとって望ましいことである。しかし人間はよほどしっかりしたモラルを持っていないと、その中で堕落する恐れがある。すなわち自由の尊重の中で放縦に陥り、権利の尊重の中で義務を忘れがちである。それは我欲が解放されるからである。それだから民主主義の社会ではモラルが失われ、混乱し、そして崩壊する危険性がある。そのことは先進諸国の民主主義が行き詰まり、崩壊に瀕していることを見れば明らかであろう。いうまでもなく民主主義が崩壊すれば、それを防ぐために当然に独裁主義が頭をもたげることになる。

そう考えると、民主主義をしっかり守りたいならば、ぜひともモラルを大切にしなければならないと思っている。

人間が立派な人生を持ちたいなら、社会を大切にしなければならないし、社会を立派にしたいならモラルを大切にしなければならない。そして立派なモラルを持つためには「ありがとうの心」と「思いやりの心」を大切にしなければならないと思っている。

強く正しく温かく

立派な心

この世の中はまことに厳しく、決して生やさしいものではない。立派に生きるためにはあくまでも立派な心を持ち合わせなければならない。私は今までそれを「武士の精神」と「ありがとうの心」だと説明してきたが、それをせんじ詰めると「強い心」と「正しい心」と「温かい心」になると思う。もし「強い心」を失うと意気地のない人間になってしまうし、「正しい心」を失うとずるい人間になってしまう。また「温かい心」を失うと軽薄な人間になってしまうのである。こんな人たちは結局は何をやらしてもモノにならないし、人びとからは嫌われ相手にされない。考えてみると気の毒な人だと思う。

強い心

われわれはたえず手強いライバルの挑戦を受けているのであって、それを恐れて逃げ回るようでは、人に後れを取ってしまう。あくまでもそれらライバルに負けない強いファイトが必要なのである。またわれわれの前には次々に困難な問題が立ち塞がってくる。それにひるんで尻ごみしていると前に進むことができない。あくまでもそれらの困難を克服するという強い根性が必要なのである。私は「世の中はジャングルの中とよく似ている、勇気がないと前へ進めず」だと思っている。

もちろん、われわれは生身の人間であって、決して鋼鉄の心を持っているわけではない。恐ろしいことは恐ろしいと感じるし、苦しいことは苦しいと感じるのであって、人によってそれほど違うものではない。ただ違うのは、それでもあえて頑張るか、それとも逃げるかである。

正しい心

われわれはこの世の中で生かされている以上、世のため、人のために尽くさなければならない。それが正しい生き方であり、正しい心だと信じている。ところが困ったことに人間は自己中心性が強い。そのため、とかく自分だけうまい汁を吸いたがり、世のため、人のために尽くすことをおろそかにしがちになる。それがひどくなると、ずるくなり、そして堕落してしまう恐れがある。われ考えてみるとわれわれの心の中ではたえず正しい心と自分本意の心が争っているのである。われわれは絶対に正しい心が負けないように心がけなければならないと思っている。

たしかに、ずるい人間は一時的に成功するかもしれない。しかし長い目で見ると人びとから信頼されなくなり、結局は失敗してしまうはずである。本人は世渡りが上手だと得意なのだろうが、要するに小才子にすぎないのである。

温かい心

人間は一人ぼっちでは無力であり、まことに心細いものである。そのことは無人島に一人取り残されたことを考えれば分かると思う。しかしその無力な人間が皆で協力することによって大きな力となり、堂々と世の中を押し通すことができるのである。そう考えると人間にとっては協力ほど大切なことはない。ただその協力関係が何で結ばれているか、それが問題なのである。単に利害で結ばれているのだと、その利害に変化が起こると協力関係も簡単に崩れるし、最悪の場合は、昨日までの味方が今日からは敵に回ることさえ考えられるのである。やはり温かい心で結ばれた協力関係でなければ本物とはいえないのである。

われわれは世の中で「生かし生かされている」のであって、それを正しく認識すれば、「ありがとうの心」と「思いやりの心」が生まれるのであって、それこそが温かい心なのであり、大切な人情なのである。この温かい心で結ばれた協力関係は容易に崩れるものではない。そうした協力関係の中で、はじめて人びとは立派に生きることができるのだと思っている。

生かし生かされている人間

ありがとうの心

人間はこの社会の中で、お互いに生かし生かされているのである。われわれはまず、この事実を正しく知らなければならない。ところが世の中には、そのことに気がつかず、「自分は一人の力で生きているので、だれの世話にもなっていない」と思いこんでいる人が少なくないが、思い上がりもはなはだしい。そういう人たちは、一度無人島にでも渡って、たった一人の生活を体験してみるとよい。おそらく二日か三日もしたら、そのみじめな生活に悲鳴をあげてしまうにちがいない。自分一人では米一粒、マッチ一本、ナイフ一丁も作ることができないことを思い知るはずである。そう考えてみると、われわれ人間は一人ではまことに無力な存在であって、毎日こんなに豊かで楽しい生活を過ごせるのは、すべて社会の中の人びとに生かされているからなのである。

こうした事実に気がつけば、「人びとに生かされていることがありがたい」という感謝の心が生まれるはずである。そして今度は自分もそれに報いるべく、「人びとを生かすために尽くさなければならない」という思いやりの心が生まれるはずである。もし、そうした心が生まれないとすれば、それはまさしく乞食根性といわざるをえないと思う。要するに、まともな人間ならば社会の中で「ありがたいという感謝の心」と「人に尽くすという思いやりの心」を持ち合わせるはずである。

こうした心をわれわれは「人情」と呼んでいるのであって、社会の一員として絶対に失ってはならない大切な心だと信じている。もしこの人情を欠くようなことがあれば、その人間は「人でなし」として、社会の中でつまはじきされてしまう。それだから「人の守るべき道」を説いた宗教も道徳も、すべてこの「ありがとうの心」と「思いやりの心」をその教えの基礎にしているのである。

かつて私は大学生たちとこの問題を話し合ったことがある。

「例えば、君たちが欲しいと思っていた物を友人からプレゼントされたら、ありがたいと思うだろう。もしそうならば、君たちの生命をはじめ何万、何十万というたくさんの物をプレゼントしてくれた両親を、ありがたく思わないはずはない。

また、君たちが山の中で道に迷って困っていた時に土地の人が来て道を教えてくれたら、ありがたく思うだろう。もしそうならば、君たちがイロハも読めなかった子供のころから数え切れないほどたくさんの知識を教えてくれた先生を、ありがたく思わないはずはない。

また、君たちが暴漢に襲われて一命が危うかった時に友人が来て助けてくれたら、これまたありがたく思うだろう。もしそうならば、君たちの安全と幸福を全面的に保障してくれている祖国を、ありがたく思わないはずはない。

この親がありがたいと思う心から親に孝行をするという道徳が生まれ、また、先生がありがたいと思う心から先生を尊敬するという道徳が生まれ、そして祖国がありがたいと思う心から祖国のために尽くすという道徳が生まれるのである」

私のこうした説明に対して、一人の学生が鋭く反論してきた。

「たしかに道理はその通りかもしれない。しかし、ありがとうの心は社会の現状に満足し、その進歩を止めるものであって、面白くない」

そこで私は説明を付け加えた。

「お粗末な議論を言うな。ここに美しいバラの花が咲いている。色盲の人たちには気の毒だが美しいバラの絵も描けないし、また、バラの品種改良もできない。それと同様に、この社会のありがたさ、すばらしさの分からない者に、この社会をさらにありがたく、すばらしいものに改良することなどできない話だ。色盲がバラの品種改良を論じるような暴論を言うな」

その学生は渋々ながら納得してくれたのであった。

要するに人のありがたさ、社会のありがたさの分かる者のみが、さらにありがたくて立派な社会を作り出せるのだと信じている。

人に尽くす心

人間にとって最も大切な心は「ありがとうの心」と「思いやりの心」だということは、すでに述べたとおりである。もし人びとが本当にこのことを理解し、この二つの心を大切にして、皆で協力しあって生きてゆくならば、世界の中の禍いや争いはすべて解消してしまい、この社会は和気あいあいとして、明るく、力強く、楽しいものになるはずである。

ところが世の中はそんなに甘いものではない。というのは、人間は本来、欲望いっぱいの生き物であり、自己中心性が強いからである。もちろん、その欲望が原動力となって、人間の物質文明は大きく進歩してきたのであり、一概に欲望そのものを否定するつもりはないし、また否定できるものでもない。ただその欲望を適当に調節しないと、多くの禍いがそこから発生し、人間は堕落し、いがみ合い、そのために社会は腐敗と対立と混乱の中で崩れてゆくのである。

こうした禍いの中から人びとを救おうとして、昔から多くの宗教や道徳が説かれてきたのであった。例えば二千年の昔、キリストは神の教えを伝え、「自分しか愛しない自己中心性を罪と戒め、人と神を愛せよ」と教えている。また釈尊は仏教をひろめ、「自我こそが諸悪の根元と考え、それから解脱するようにさとし、人に対して慈悲の心を持て」と説き、孔子は儒教をうちたてて、「自分本位で人に尽くさないことを不道徳とみなし、人に対して仁の心で接しろ」と説いたのであった。

考えてみると、それらの教義は各々異なっているが、その根本には相通じるものがあることに気がつく。もちろん、これは偶然の一致ではない。というのは、社会の中で人間が幸福に生きる道は、それ以外に考えられないからである。だから、これらの教えは人類が生存する限り守り伝えられてゆくものと信じている。

最近、ヒッピー族の青年たちが従来の道徳を否定し、自然に返れと主張し、自由勝手な生き方を求めているが、まったくばかげた姿である。試みにそれらの青年たちをまとめて一年間ぐらい島の中で集団生活を経験させてみると、面白い結果が見られるだろう。恐らく一カ月もたたないうちに、彼らはいがみ合い、憎しみ合い、島の中の秩序は失われて収拾がつかなくなり、結局、その秩序を取り戻すために次々に掟を作ってゆくはずである。そしてそれは普通の社会道徳に近づくと思っている。

要するに道徳とは、人間が社会の中で幸福に生きるための道である。それを破れば必ず社会はだめになり、禍いが身に降りかかってくるのである。ところが、その道徳が常に人間によって破られてきている。これは一体どうしたわけだろうか。犯人は結局人間の欲望であり、自己中心主義なのである。つまり、その欲望があまりにも強いため、人びとはそれに引きずり回されてしまうのである。その点は、程度の差こそあれ、世の指導者といわれる人たちも同じであり、たえず女に対する欲望、金に対する欲望、名誉に対する欲望などに動かされていて、それを完全に捨て去ったように行いすますと、偽善者と見られてしまうのである。

かつて東大の学生が私にこんな意見を述べたことがあった。

「世の中の大人は、すべて偽善者だと思う。どうせ自分も偽善者になるならば、悪い偽善を排して、良い偽善だけを選ぼうと思っている」

たしかに多くの人びとには偽善的な傾向が見られるかもしれない。しかし、われわれ人間は無理に偽善者にならなくてもよかろう。まず自分も欲望いっぱいの人間であることを認めるべきであって、欲望を完全に捨てようなどと思う必要はない。ただ自分の欲望なり、自己中心性を適度に抑え、人に尽くす思いやりの心で包み込んでしまえば、その禍いを防ぐことができるはずである。

大切なことは、自己中心主義の心に負けないだけの、大きな思いやりの心を持つことだと思う。私はそれが、最も人間らしい生き方だと信じている。

世の中には、自分を大切にすることこそが幸福を求める道だと思いこんでいる人が少なくないが、そうとは限らない。他人を大切にすることもまた楽しいものであり、自分の幸福に通じるものなのである。

人間として立派になるために

人間として価値ある生き方

せっかくわれわれは万物の霊長たる人間に生まれてきたのである。ぜひとも人間として価値ある生き方をしなければもったいないと思う。なお、われわれの人生はたった一回限りで、ぶっつけ本番。失敗したからといって絶対にやり直しができない。どれほどの大金を出しても、たった一日の人生も取り戻すことはできない。そう考えると悔いのない生き方をしなければならない。では一体、どんな生き方をしたらよいのか。結局、それは「人間の可能性」をトコトンまで発揮する生き方をする以外にない。その意味で「人間の可能性」について真剣に考えてみる必要があると思う。

いうまでもなくわれわれは、あくまでも人間であって、神様でもなければ、普通のアニマルでもなく、いわんや機械で作られたロボットでもない。

第一に、われわれ人間は全知全能の神ではない。一人残らずが未熟で不完全である。それだから人間は失敗をするが、成功した時は喜びとなる。またどこまでも進歩向上することができる。それも大きな喜びだ。神様は全知全能だからそうした喜びはない。われわれは未熟で不完全な人間に生まれてきて本当によかったと思っている。

第二に、われわれは本能だけで生きている普通のアニマルではない。「真・善・美」を求める能力と喜びを持っている。それこそが万物の霊長たるゆえんなのだ。もっともヒッピー族のように本能だけで生きている人がいるが、それは人間の特権を捨ててアニマルに堕落した姿であり、哀れだと思う。われわれは「真・善・美」を求めうる人間に生まれて本当によかったと思っている。

第三に、われわれ人間は機械で作られたロボットではない。一人一人がデリケートな心を持っている。そのため悲しみや苦しみを感じることがあるが、その代わりに喜びと楽しみを感ずることができる。それこそ生きる喜びなのだ。こうした人間の心は世界中の富を集めても、世界中の技術を集めても作ることはできない。こうしたすばらしい心を持った人間に生まれて本当によかったと思っている。

以上のとおり人間は未熟であり、不完全であるが、「真・善・美」というすばらしいものを求める能力を持っており、ぜひその可能性をトコトンまで発揮しなければならない。それが立派な人間の生き方だと思っている。

真・善・美について考える

人間は「真・善・美」を求めることができるからすばらしいと話したが、それでは一体真・善・美とは何か。私なりの考えを簡単に説明したいと思う。

まず「真」について考えてみよう。

さきほど述べたように、人間は神様と違い全知全能ではない。どんなに科学が進歩したからといってすべての真実、すべての真理をきわめ尽くすことは不可能である。天地自然についても社会についても、人間についても解明できない部分がたくさん残っている。一応は真理だといわれるものも、結局は仮説にすぎないものが多い。それが何十年、何百年、何千年の歴史の中で実証され、少しずつ確かめられてゆく。もっとも宇宙の起源とか、生物の起源などについては永久に仮説のままで残ることと思う。

ところが自分の主義、主張を絶対に誤りのない真理として押しつけ、人びとを不幸に陥れる者がいるが、とんでもない話だと思う。例えばマルクスやスターリンや毛沢東は自分の主義を絶対不謬の真理として世界中に押しつけたが、マルクス主義は彼の死後百年たった今日、いろいろと欠陥が暴露し、ボロボロに破綻しており、スターリン主義は彼の死後三年目にフルシチョフに批判され、毛沢東主義にいたってはその死後わずか二年で鄧小平たちに批判されてしまったことはご承知のとおり。

要するに人間は全知全能ではないので、真実や真理の究明の余地は無限に残っている。しかし人間はそれを少しずつ解明し、文化を進歩向上することができる。その可能性が人間の大きな喜びだと思っている。もしすべての真実や真理が確定してしまったら万事がきまり切ってしまい、かえって世の中はつまらなくなると思う。人間は永久に真理と真実を解明する喜びを持っているからこそ、すばらしいと思っている。

次に「善」について。

昔から多くの人が善について語っているが、私は簡単に「人間は天地自然に生かされている。それだから天地自然を大切にしなければならない。また人間は社会の中で人びとに生かされている。だから人びとと社会を大切にしなければならない。それが善であり、それを大切にせず、傷つけるのが悪である」と信じている。そのことを少し説明しよう。

われわれ人間は地球上に生まれているが、皆さんはこの地球をどう考えているのか。私はこんなにすばらしい惑星はほかにないと思っている。もし世の中に天国があるとすれば、この地球のことだと思う。ご承知のとおり、さんさんたる太陽の光を浴び、きれいな空気と水に恵まれ、緑の大地と青い海洋からふんだんに食糧が採れ、さらに地下には重要な資源が豊富に埋蔵されている。人間が幸福に生きるための条件はすべて備わっており、まったく至れり尽くせりであり、まさに天国なのだ。そう考えるとわれわれはこうした天地自然の恩恵に感謝し、心から大切にしなければならない。空気や水を汚したり、資源を枯渇させてはならない。もし地球のすばらしさが理解できないならば他の惑星にでも移り住んでみるとよい。そのことが理解できると思う。

かつてソ連のガガーリンが宇宙飛行に初めて成功したとき、フルシチョフが「宇宙の中に天国はあったか」と聞いたところ、「そんなものは見つからなかった」と答えた。そこでフルシチョフ、「それ見ろ天国などないのだ」と得意になったという笑い話があるが、ばかげた話である。もしこの地球上に禍いがあるとすれば、すべて人間の悪い心から起こるのであって、地球の責任ではない。

なお、人間は万物の霊長とは言うが、一人ぼっちではまったく無力であって、貧しい、みじめな生活しかできない。それだから何万年の昔から人間はかならず多数が集まって集団で生きているのである。それが社会なのだ。人間は社会の中で協力することによって、はじめて強く豊かに生活することができる。そう考えると、われわれ人間は、社会に感謝し、人びとに感謝し、心から社会と人びとを大切にしなければならない。それがまた善なのであり、社会や人びとを傷つけるのが悪なのだ。もし社会や人びとの協力のありがたさが理解できない人は、無人島にでも渡って、孤独の生活をためしてみるとよい。二、三日したら心細くて悲鳴をあげて、社会の中に逃げ帰ってくると思う。

次に「美」について考えてみよう。

この世の中には美しいものが充満しており、それがわれわれの人生を大いに豊かにし、楽しいものにしてくれている。もしこの世の中に美しいものがなかったら、さだめしわれわれの生活は殺風景となり、無味乾燥になり、生きがいは失われてしまうと思う。もしそれが理解できないならば、一度砂漠の中の汚ない小屋で生活をしたらよい。味気ない、つまらない毎日に堪えられなくなると思う。幸い神様はわれわれ人間のためにたくさん美しいものを作ってくれたのだ。本当にすばらしいことだと思っている。

もちろん「美」といっても、いろいろの種類の美が存在する。例えば形の美とか、色の美とか、音の美とか、感触の美とか、匂いの美とか、動きの美とかいろいろある。それらの美に喜びを感じることのできる人は本当に幸福だと思っている。

ところが世の中にはそうした美しいものに喜びを感じない不感症の人間がいる。要するに人間として不具者であって、まったく気の毒な人だと思っている。というのは、そういう人の幸福がそれだけ小さいからだ。そうした人は目で物を見ることはできるが、美しいものが見られないのだから、美盲といわざるをえない。また耳で音を聞くことはできるが、音の美が分からないから、美聾といわざるをえない。どうしてもそういう人の心は偏狭になり、ひからびてしまうと思う。

せっかく神様が人間に美しいものをたくさん与えてくれたのに、われわれがそれを理解せず、喜びを感じなければ人間の特権を放棄したことになる。まさに「豚に真珠」といわざるをえない。われわれは美しいものに喜びを感ずることのできる人間に生まれて、本当によかったと思っている。

以上、真・善・美について私なりの考えを述べたが、皆さんもそれを参考にして自分自身でしっかり考えてほしい。そして自分の可能性に大いに挑戦してもらいたい。

社会と人間とモラル

われわれ人間は一人ぼっちではまことに無力な存在であって、太古の昔から必ず社会を作って多くの人びとが共同して生きてきたことはすでに述べたとおりである。ということは「社会あっての人間」なのであり、社会を度外視しては人間のことを論ずることはできない。人びとは自分の幸福のためにも、社会を立派に維持する努力をしなければならない。そのことは子供でも分かる明白なことだが、現実の社会には常にいさかいが起こり、ゴタゴタが絶えない。万物の霊長たる人間としてまことにだらしのない話だと思う。一体どうしたわけなのか、その原因を考えてみたいと思う。

元来、人間は一人残らず自己中心性が強く、そして欲望いっぱいである。すなわち「我欲」が強いのだ。正直にいって、私自身がそうだし、おそらく皆さんも同様だと思う。実はそれが人間の本質であって、完全にそれを捨て去ることはできない。また人間の我欲が原動力となって、人間社会は大いに進歩し、発展してきたのであり、そのプラス面も忘れてはならない。

しかしわれわれは、一人で生きているのではない。社会の中で皆と共同して生きているのだ。もし各人が勝手に我欲を押し通したら、必ずいがみ合いが起こり、放っておくと社会は対立と混乱でガタガタになってしまう。要するに、皆が自分のことだけを考えて頑張ると、「万人が万人の敵」になってしまい、社会は立派に維持できなくなるし、結局、人びとは幸福にならない。それだから人びとは社会の中ではぜひとも我欲を抑制し、皆で助け合い、譲り合い、辛抱し合わなければならない。それが社会の中で人びとが守らなければならないルールであり、モラルであり、そして善なのだ。さらにその中で必要最小限度を国家権力で守らせるのが法律である。

というならばモラルは各人が自制するものであり、法律は国家権力が強制するものなのだ。警察の皆さんはその法律を正しく執行する任務を担っており、その責任はまことに重大だと思う。皆さんはぜひとも法律だけでなく、その基本であるモラルについても正しく認識し、大切にしてもらいたい。

モラルの歴史

次に、モラルの歴史について考えてみたいと思う。というのは、その中でモラルの本質を理解できるからである。すなわち社会条件が悪い時代ほどモラルは大切にされ、厳しく守られるが、社会の条件が良い時代になると、モラルは粗末にされ、軽視されてしまうことを歴史は教えている。

まず何万年前の太古の昔は、いわゆる狩猟採取時代だった。当時、人びとは小さな部族社会を作って肩を寄せ合って生きていた。社会の条件はまことに悪く、食糧を採集するにも皆が協力して大変な苦労をし、自分だけが余計に取ることは許されない。また、野獣や外敵から身を守るためにも、全員が出動し、命がけで戦い、自分だけがさぼることは許されない。そこには簡単ではあったが厳しい「掟」すなわちモラルが作られていた。そして、その掟を破ればその者は直ちに殺されるか追放されたし、その掟を厳しく守らなかった部族は、次々に死滅していった。要するに、当時はモラルが命がけで立派に守られたのである。

ところがその後、いわゆる農業社会の時代に進むと、社会の条件は大いに改善された。まず農耕の技術を覚えたために食糧が豊富に入手できるようになったし、社会の規模が拡大し、国家的機能を持つようになったため、社会を維持し、防衛するために人びとが自ら立ち上がらなくてもすむようになった。要するに人びとはモラルを守らなくても生きてゆけるようになった。その結果、面倒くさいモラルを軽視し、好き勝手な生き方を求めるようになった。

モラルが崩れた結果、いたるところでいがみ合いが起こり、社会は対立と混乱でガタガタになってしまった。当然に人びとは苦しみ悩んだ。そうした人びとを苦悩から救済しようとして、釈迦やキリストのような大宗教家が出現したのだ。面白いことに大体に同じ時代であったし。またその教義はまったく違っていたが、その説くモラルの根本は同じだった。すなわち釈迦は我欲を悪と戒めて慈悲の心を説いたし、キリストは我欲を罪と戒め、愛を説いた。そして仏教は仏の教えとし、キリスト教は神の教えとして説いたために、絶対の権威をもって人びとを教化することができた。

そしていよいよ近代になると、いわゆる工業社会の時代に進み、経済は大いに成長を遂げ、人びとは豊かな生活の中で物質万能になり、精神面を軽視するようになった。また民主主義思想の台頭の中で、自己中心主義が強まった。さらに近代科学の発達の中で、古い宗教はその権威を失ってしまった。

その結果、今まで社会の秩序を保ってきたモラルは見捨てられてしまい、まさに我欲の解放時代となった。当然に社会の混乱は激化し、末期的症状を呈した。率直にいって、共産主義も自由主義もモラルを失ったためにガタガタになり、われわれはこの末期的症状を救うために社会と人間とモラルの関係を再検討し、モラルの重要性を再確認しなければならないと思っている。

自由と平等と博愛

ご承知のとおり、近代文明の夜明けとなったものはあのフランス大革命である。たしかに革命は歴史的に重大な意義をもっていたが、革命の内容はまことにお粗末で、血なまぐさく、とても褒められたものではなかった。しかし革命の際掲げた三つのスローガンだけはすばらしいものだったと感心している。そのスローガンとはすなわち「自由」と「平等」と「博愛」の三つ。それが今もフランスの国旗の青、白、赤の三つの色に象徴されていることはご承知のことと思う。

では、その自由と平等と博愛の三つの理想が、どのように取り上げられたかを考えてみよう。

その後の世界は迷わずに自由を求めた。人間が最も望んでいるものだから当然のことだと思う。そして、自由主義国家が生まれ、資本主義経済が生まれた。その結果、経済は目覚ましい成長を遂げ、物質文明は大いに栄えた。その功績はすばらしいものだったと思う。しかし同時に、大きな欠陥が生まれた。元来、自由と平等は決して両立できるものではない。世界中の人の顔が違うように、すべての人の力には強弱があり、自由主義社会の中では貧富の差ができ、そこに膨大なプロレタリア階級が生まれてしまった。彼らは貧困からの解放を望み、すなわち平等を要求したのである。そうした風潮の中で社会主義、共産主義の思想が台頭し、次第に広がっていった。

そんなわけで、その後の世界は強く平等を求めた。そして第一次大戦後のどさくさの中で、ロシアで共産主義革命が成功し、さらに第二次大戦後のどさくさの中で、東ヨーロッパその他で次々と共産主義国家が生まれた。それらの国家の指導者は、理想の国家であると自画自賛しているが、本当に満足しているのは、共産党員だけで、国民は満足するように強制されているだけなのだ。第一に、ほんの一時的だったはずの独裁政治が永久化し、自由は失われてしまい、第二に、非能率で鼻持ちならぬ官僚主義が支配してしまい、国民の不満はますます増大するばかり。ノーベル賞をもったソルジェニーツィンとサハロフ博士は内部から強く弾劾したために、弾圧されたことはご承知のとおりである。結局、共産主義社会もより重大な欠陥を出しており、お世辞にも理想国家とはいえない。

以上のようにフランス革命の後、世界は自由を求め、次に平等を求めたが、ついに理想の社会を作ることはできなかった。要するに人間社会にとって最も重要な博愛の精神を取り残してしまったのだ。前にも述べたように人びとは我欲を抑え、愛の精神で助け合い、譲り合い、辛抱し合って協力したとき、はじめて立派な社会ができる。

ところがフランス革命の人権宣言以来、権利の主張ばかり強まり、我欲は解放され、一方、博愛の精神は忘れ去られてしまった。それで自由主義も共産主義も失敗するばかり。私は「博愛の心が枯渇した社会の中で幸福を求めることは、砂漠の中で美しい草花を求めるよりも困難である」と考えている。要するに理想の社会を求めたいならば博愛の精神を基本として、その中でできるだけの自由と平等を求める以外にないと信じている。もちろん簡単なことではない。人類の精神革命が必要だと思っている。

モラルが人類の危機を救う

ところで皆さんは「ローマクラブの報告」というものを聞いたことがあるだろうか。これは人類の運命にかかわる重大な報告なので、ぜひ皆さんも知っておいてほしい。その内容は、人類が現在のようにいい加減な生き方をつづけていると、やがて重大な危機に直面するぞと警告した。具体的に言うと、

「今から三十年もたつと、人口は七十二億に達し、当然に深刻な食糧不足が起こり、飢餓状態に陥る。地下資源も枯渇してしまうし、さらに空気や水も汚染してしまう。今からそれに備えておかないと人類の破局が来るだろう」

という、まこと悲観的な報告である。もちろん、世界中が大きなショックを受けたのだが、今すぐにどうなるというわけでもないので、人びとはあまり実感がわかなかった。しかしその直後に石油危機が起こり、ようやく事の重大さに気がつき愕然となったのである。

石油危機の起こる数日前、私はイスラエルの有名な大学教授と会食し、この問題に触れたが、その際私は、

「そうした人類の危機は二十年後にこなくても、五十年後か百年後にはやってくるに違いない。われわれは子孫のためにそのことを真剣に考えなければならないと思う。イギリスの有名な政治学者は、その危機を乗り切るためには二つの道しか考えられないといっている。すなわち第一の道は、原爆戦争で人類の大半が死滅してしまうというものであり、第二の道は、単一国家が強力な独裁政治で世界を支配してしまうというものである。しかし私はどちらも悪魔的な考えであり、絶対に賛成できない。われわれはもっと人間愛を持った第三の道を求めるべきである。結局それは人類の英知と強いモラルをもって欠乏の中で共存共栄を考えることである。もちろんそのためには人類は精神革命を断行しなければならない」

と話したところ、同教授は「まったく同感だが、果たして現代の人類に精神革命などできるだろうか」と悲観的だった。

しかしさきほども説明したとおり、太古の昔、いわゆる狩猟採集時代には厳しい社会条件の中で人びとは命がけで掟を守り、見事に欠乏の中で共存共栄をやり遂げたという歴史がある。将来、世界は人口問題も食糧問題も資源問題もますます厳しくなるので、昔と同じように欠乏の中で共存共栄をやり遂げなければ生き残れない。当然に人びとは命がけでモラルを取り戻し、人類の危機を乗り切るものと思う。そのためには精神革命を断行すると信じている。それができないような愚かな人類なら、生き残る資格はないと思っている。しかし三十年後、危機に直面してから慌ても遅いのだ。今から人類はモラルの重要性を見直さなければならないと思っている。

人間の美しい心

モラルと法律が社会の秩序を維持し、人びとの幸福を守るために、人間が知恵をしぼって考え出したものであることは明らかだが、私はモラルについてはそれだけでなく、もっと深い根源があり、もっと温かいものがあると思っている。というのは人間には温かく美しい心があり、その心から必然的にモラルが生まれると信じているからである。それだから古今東西通じて人間の生きている社会には、必ず同じようなモラルが生まれているのである。そこにモラルの強さとすばらしさがあると思っている。

ご承知のとおり、人間の本性については昔から「性悪説」と「性善説」の対立があるが、皆さんどちらが正しいと思うだろうか。私は私なりに次のような考えを持っている。すなわち、人間が強い我欲を持っていることをとらえたものが性悪説であり、人間が感謝と愛の美しい心を持っていることをとらえたものが性善説なのだ。要するにどちらも一面の真理を持っていて、ちょうど盾の半面ずつをとりあげて論じているようなものなのだ。

人間はだれもが多かれ少なかれ「ありがとうの心」と「思いやりの心」という温かく美しい心を持っている。それだから人びとは我欲を抑え、思いやりの心をもって、助け合い、譲り合い、辛抱し合って仲良く生きてゆくことができる。要するにモラルの中にはそうした温かく美しい心があるために、モラルを大切にする人びとには心のふれあいが生まれ、その結果、温かくて生き生きとした立派な社会ができるのだと思っている。その昔、釈迦もキリストも同じように我欲を戒め、温かい愛の心を説いた。人間はこうした美しい心を持っているからすばらしいのであり、またモラルはこうした美しい心から生まれたものだからすばらしいものだと思っている。単に人間が知恵をしぼって合理的に考え出したものだけなら、その価格は半減してしまう。

いうまでもなく、法律を守るだけでは決して立派な人間になれないし、また立派な社会を作ることはできない。またモラルも美しい心から生まれたものでないと、結局は形だけのものになり、冷たいものになってしまうと思う。

現在、人びとは権利の主張こそが最高だと勘違いしているが、モラルを失うと単なる我欲の解放になり、がめつくなり、決して立派な社会などできない。自由主義も共産主義も失敗し、行き詰まっているのも、結局は権利のみを主張し、美しい心を忘れた結果だと思う。

戦後、日本人が虚脱状態に陥り、その心がすっかり荒廃しがめつくなり、そして美しい心を捨ててしまったことを私は残念に思い、友人たちと協力して「ありがとう運動」を十数年前から推進している。はじめはあまり相手にされなかったが、次第に各方面で「ありがとう」という言葉が気安く使われるようになり、大いに喜んでいる。警視庁の交通安全のスローガンの中にも「お先にどうぞ、ありがとう」という言葉があるが、大いに意を強くしている。

社会の中では生かし生かされている。人に生かされているから「ありがとうの心」が生まれ、人を生かそうとして「思いやりの心」が生まれる。こうした心のない者は結局、社会を論ずる資格はないし、自分を主張する資格はないと、私は信じている。

ありがとうの哲学

人間はまことに無力な存在であって、ひとりぼっちではこの厳しい世の中を生き抜くことはできない。もちろん幸福な人生を持つことなどは思いもよらないことである。しかしその人間も天地自然の恩恵を受け、人間社会に生かされることによって、はじめて人間らしい楽しい人生を持つことができるのである。ところが思い上がった人たちはとかくこの「生かされている」という事実を知ろうとしないのである。

私は病に倒れ、山の中の病院で一年間を過ごしたことがあった。完全に実社会から隔離され、病院に閉じこめられて、まことに退屈な日々の連続であった。まさに格子なき牢獄の生活であった。それだけに一年ぶりで退院を許可され、社会の中に復帰できた時は跳び上がらんばかりの喜びであった。いよいよ退院して東京に向かう途中、自動車の窓から見る山々の緑の美しさは目を見張るばかりであった。やがて多摩川を渡り、都内に入ると街路を行きかう人たちの姿がまことに懐かしく、思わず雑踏の中に入ってみたいという衝動にかられた。ようやく住み慣れたわが家に落ち着いて、家族と夕食を共にした時は本当に幸福いっぱいであった。そして、つくづく、生きていて良かったと思い知ったのである。ところがそれから一週間もたたないうちに、退院の日の感激は忘れてしまい、気に入らないことばかりが気につき出した。われながら自分のわがままで思い上がった心境を恥ずかしく思った次第である。

考えてみると、世の中のトラブルはこうしたわがままな気持ち、感謝を忘れた気持ちから起こるのではないだろうか。そういえば、物質文化が進むと、かえって人びとはわがままになり、トラブルが多くなる。それに反して貧しかった古代の方が、人びとは謙虚で、感謝の心が強く、人間関係も良かったように思えるのである。

私は最近、すべての道徳の基礎にかならず感謝の心があることに気がついた。例えば「親を大切にする心、恩師を尊敬する心、祖国を愛する心、そして社会に尽くす心、すべて、それらに対して、ありがたい、と思う心があるから生まれるのである」。もし、ありがたいと思う心を持たず、ただ形だけで道徳を主張したのでは、それは偽善に堕してしまうのである。ところが、そうした偽善的な人が案外多いのである。それらの人たちに対して純真な青年たちが反感を抱くのは無理のない話である。

宗教もまた同様に、かならず「ありがたいという心」を基礎にしているように思える。キリスト教は神の愛を、仏教は仏の慈悲をありがたいと思うから、それらの信仰心が生まれるのである。

また、日本人は昔から大自然や偉人をありがたく思うから神社として祭っているのである。このように信仰心の奥にはかならず「ありがたい」という心が存在するのである。

かつて、私は学生たちに、こんな忠告をしたことがある。

「人間はすべてに生かされているのである。ありがとうの哲学が理解できない人は人間の問題、社会の問題を議論する資格はない」と。

世界の人の心を結ぶ

旧聞になるが、私は東京オリンピックを通じて、不思議な響きをもつ言葉を発見した。各国の青年たちが、一生懸命覚えてきた片言の日本語「ありがとう」がそれである。彼らは選手村の片すみでも、食堂でも、必ず「ありがとう」を連発した。そして最後の閉会式の日、それが渦巻きとなって爆発した。白人も黒人もアジア人も、肩を抱き合いながら、口々に「さよなら東京」「ありがとう東京」と叫び、その喜びは新宿御苑のサヨナラパーティーまでも続いた。その光景は実に感動的で、私には「ありがとう」という言葉で、世界が一つにつながったように思われた。

そのことが動機となって、オリンピック閉会後、石橋湛山、安川第五郎両先生はこの「〝ありがとう〟という言葉を日本中に広めようではないか」と提唱され、間もなく両先生を名誉会長、朝比奈宗源老師を会長に「ありがとう運動本部」が創設され、オリンピック組織委員会事務次長であった私は、本部長という大役をおおせつかった。最初の総会は四十一年十一月十八日、東京・神田の学士会館で、学界、宗教界、経済界など約百人の関係者を集めて開かれ、この運動は打ち上げ花火的なことはいっさい避け、息長く、聖火を運ぶランナーのように、一人から一人へと心に小さなたいまつをともして、言い伝え、語り継いでいこうと、みんなして決めたのである。

さてありがとう運動の本部では、発足早々一流会社や全国の神社仏閣などに運動の趣意書やポスターを配るなどして、折にふれ地道な活動を続けた。一周年を記念して「ありがとう」という映画も製作した。あるテレビの番組では「ありがとう」という言葉を出来るだけ使うことになった、という話も聞いたし、悪名高い東京のタクシーにも「ありがとう」のマークをつける会社が現れた。

今日、青少年が自分本意になってしまって、他人の親切に対して感謝するという素直な気持ちに乏しいとよくいわれるが、私は、その責任はわれわれ大人にあると思う。敗戦で自信と権威を失った大人たちが、子供たちに日本のよき伝統を伝えることをしなかったからではなかろうか。

その意味もあって、私はまず日常生活において自分から「ありがとう」運動を実践することにした。私はエレベーターを降りるとき、必ずエレベーターガールに「ありがとう」という。会社のあるビルの受付嬢にも話す機会があれば、そのたびに「ありがとう」を連発する。このため私には「ありがとうオジサン」というニックネームがついていると、社員の一人から知らされた。うれしかった。わが意を得たりとはこのことである。

家庭にあってもそうである。妻にとって私は理想的な夫とは必ずしもいえなかったが、感謝の意味で外国旅行に連れていったりするようになったので、うちの亭主は近ごろ少し変わってきたぐらいのことは思っているようである。また私は、子供がいるということはありがたいことで、親は子供に感謝すべきだという気持ちが最近強くなった。三人の男の子とは時に議論することもあるが、子供と議論できるのはありがたいことだと思っているから、議論自体が楽しく感じられるのである。大学生の三男は「おとうさん、その棚の上の本取ってよ」などと私に用をいいつける。私は気軽に本を取って渡そうとするが、彼が黙って受け取ろうとすると絶対に本から手を放さない。ややあって三男はしまったというように頭をかきながら、「ありがとう」というのである。考えてみれば「ありがとう」のおかげで家の中がなごやかになったような気がする。「ありがとう運動」の恩恵をいちばんに受けたのは、当の本部長である私なのかもしれない。

会社にあっても私は、顧客はもちろん、社員のだれに対しても、この会社で働いてくれて「ありがとう」である。感謝の気持ちを持つことは、自分の心を豊かにし、相手には自己の仕事の価値がそれなりに評価されたという喜びを与える。人間は自分ひとりでは生きられない。衣食住すべて多くの人たちの協力のたまものである。また自然の恩恵はそれにもまして偉大である。そう考えてくると、見るもの、接するもの、すべてに「ありがとう」である。ありがとうを口にしているうちに、いつか私はその言葉の意味の深さを思うようになった。世の中の人がみなそうなれば、この世は天国になるだろう。

3 経営随想

幹部職員の資格

この会社も創業三年で社員数が二千数百人に達し、幹部職員だけでも百人近い大所帯になった。そのスピード発展には私自身驚いた。しかし、私はこの急速に増える幹部職員を獲得するのに苦心さんたんしたが、幸い官庁や大会社では幹部職員の整理に頭をかかえていたこととて、私の要望に対しては心よく協力してくれた。

さて、大会社が幹部職員を推薦してくれる場合、きまって「真面目で役に立つ人物」と太鼓判を押してくれる。私はその推薦を文字通り信じて喜んで迎えいれる。ところが、入社してからの実績は人によって大きな格差が見られる。同じような経歴の人たちなのにどうしてこんなに違うのだろうか、私は首をひねったが、どうやらその原因は次のようなことにあるらしい。

推薦されてきた幹部職員は、いずれも人物も良いし過去の実績も悪くなかったことはうなずける。ところが、今後の人生をどう生きるかという点で、人によって考え方がまちまちなのである。

「これから新しい人生に踏み出そう」という意気込みの人と、「もう働き盛りの時代は過ぎたのだから気楽にお手伝いでもしよう」という消極的な人との違いが、仕事の面にはっきり現れてしまう。前者に属する人たちは、まるで青年のような意気込みで私と一緒に勉強もしてくれるし、企業の戦いにも参加してくれる。ところが、後者に属する人たちは、どんなに頼んでみても見物席にしがみついていて、戦いの中にとび込もうとしないのである。

「これだけ大きな会社になったのだから、働きの悪い幹部が五人や六人いたって目をつぶって我慢しなさい」と忠告してくれる人もいるが、私はどうしてもそんな気持ちになれない。部長級、課長級の給料が惜しいわけではない。その「のんびりムード」が社員全体の士気に悪い影響を及ぼすからである。それに反して、若い社員たちの陣頭に立って奮闘してくれる幹部が入社した場合は、周囲の士気まで大いに振るい立ち、業績も目に見えて上がる。そういう時は神に感謝したい気持ちである。

この問題を相談役の坂信弥さんに相談してみた。坂さんは終戦後、警視総監をした人で、私の尊敬する先輩である。

「人間、四十代五十代になるとすっかり消極的になってしまう人がいる。気の毒な話だ。君は日光東照宮の大きな杉の木を見たことがあるだろう。何百年もたっている老樹なのに、今でも春になると若々しい青葉と白い根を出して元気いっぱいの姿を見せている。人間も八十歳、九十歳になってもあの杉の木の元気さを失ってはならない。それから、もう一つ注意しなければならないことは、大きな組織の中で軌道の上を動いていればよいような大会社では勤まるのだが、自分で軌道を敷いて行かねばならない新設の会社には適さない人が案外多いことだ。こういう頭の固い人は、君の会社では実績が上がるわけはないと思う」

「現在いる幹部は大部分積極的で精いっぱい頑張ってくれますが、中には息が切れて落後しかかる者もいます。そういう時はAグループからBグループに移ったらどうかすすめています。Aグループとは若い社員たちと一緒に激流の中を泳ごうという人たち、Bグループとは激流には飛び込めないが、船に乗ったままでお手伝いしてくれる人たちです。これは能力の問題というより気力の問題といえましょう」

さて、私自身も、頭が固くなったり激流に飛び込む気力がなくなった時は、いさぎよくBグループに退かねばならないと思う。しかし、私は、昔から絵では富岡鉄斎、日本刀では長曽禰虎徹が好きである。鉄斎の絵は八十歳以上になってからいよいよ画境が進んでおり、虎徹も晩年になればなるほど名工の冴えを見せている。私もおよばずながら、この二人を見習いたいと考えている。

青年社員との対話

私の会社には、仕事の性質上若い社員が圧倒的に多く、社員の平均年齢は二十五、六歳程度である。そういうわけで、私は毎日、これらの青年の群れの中に埋まって仕事をしている。青年とつき合うことの好きな私にとっては楽しいことであり、私までが若返ってゆくような気がする。

ところが、戦前派の中には今の若い人たちを理解できず、「最近の若い者は生意気で頼りにならない」と頭から毛ぎらいする人が少なくない。しかし、私は「時には眉をひそめる場合もたしかにあるが、総体的に言って日本青年の素質そのものは戦前戦後を通じてやはり世界的に優秀だ」と信じている。

私がこういう信念を強めるようになったのは、実は東京オリンピックの時からである。私はオリンピックの事務次長として苦労させられ、一時はどうなることかと危ぶんだほどだったが、開会してみると予想以上の大成功であった。世界中の新聞も「史上最高のオリンピック」と激賞してくれた。大会関係者の中でも、最もうるさ型のイギリスのダンカン氏までが口を極めて褒めてくれた。

「日本でこんなに大成功するとは思わなかった」

「専門家のあなたがみて、どんな点が良かったと思うか」

「会場の警備員の態度に感心した。一体どこから集め、どんな訓練をしたのか」

専門家の目のつけ所はさすがに違うと感心した。

「警備員の大部分は消防の人と大学生たちに頼んだ。とにかく忙しかったので、たいした訓練もできなかった。私の考えでは、日本の青年たちが日本の名誉を傷つけまいと精いっぱいに頑張った意気込みが、結果に表われたのだと思う」

ダンカン氏は日本の青年の優秀なことを再認識して帰ってゆかれたと思う。ただ、私に言わせると何も警備員に限ったことではない。オリンピック全体を通じて日本の青年の奮闘は目覚ましかった。私は「日本の青年が奮起すれば偉大な力を発揮する」とつくづく感心したのである。

私はかねてから、青年には大人の持っていない大きな力がある、それは、夢と情熱と行動力である。この力こそが事業を発展させ、時代を前進させて行く原動力になっていると考えている。

ところが、太平ムードの中で青年の夢は萎縮してしまい、最近はマイホーム主義の人が多くなった。また、一部の青年は情熱や行動力のはけ口をデモ騒ぎに求めたり、さもなければ、ただ傍観しているだけという有様である。戦後、たしかに日本の青年の中に「エゴイズムと無責任主義」

が目立ってきたことは否定できない。しかし、その責任を青年だけに負わせてはならない。むしろ敗戦で自信を失い、青年たちの指導を怠った大人たちにこそ責任があると思う。

最近は、大人と青年との間に疎隔の傾向が強まり、日本だけでなく世界的な風潮として問題になっている。私の会社の坂相談役の意見によると、「若い者に、大人の中に飛び込めと言ってもそれは無理な話だ。むしろ大人の方から青年たちの中に飛び込むべきだ」。私も同感である。これの出来ない大人たちはますます青年から離れ、時代の流れから置き去りにされてしまう。

私の会社は労働組合のない会社として、社員との対話こそ社長にとって最も重要な任務だと考えており、全国に旅行して一年に一度以上、全社員と話し合うように心がけている。私自身が将来青年を愛し、青年を理解し、青年を指導する気持ちがなくなった時は、残念ながら幹部の資格がなくなったものと覚悟している。

命がけの経営者

　あるパーティーの席で三井鉱山の倉田社長とばったり顔を合わせた。久しぶりの対面である。あの苦み走った万年青年の倉田さんも、いつの間にか頭に白いものを加えていた。にこにこしながら私に話しかけてきた。

「村井さんの〝武士の商法〟を新聞で読んでいますよ」

「実は、武士の商法を考える時、いつも倉田さんのことを思いだします。八年前の三池争議の際、現地の責任者として采配を振るわれた倉田さんのファイトというものは、戦国時代の猛将も顔負けでした。まさに秀吉が毛利の大軍を攻略した時の意気込みでしたよ」

「あの争議は会社の浮沈に関するものなので、たしかに死に物狂いでした。当時、九州の警察局長をしていた村井さんには、ずいぶん迷惑をかけましたね」

「温厚な倉田さんが、局長室に押しかけ、警察はなぜ暴力を取り締まらないのか、と机をたたいた時の剣幕は今でも忘れません」

今にして思えば、すべては昔話であり、激しかった数々の乱闘事件もむしろ懐かしい思い出である。

三池争議は労働史上、最高にして最大の争議だったといわれている。その頻発した暴力事犯を取り締まるために出動した警察官数は約半年間で延べ六十万人の多きに達した。

この争議がいかに激しく、いかに深刻なものであったかの一例を挙げると、安保反対闘争ですっかり英雄気取りになった全学連の猛者たちが応援のため数百人かけつけたが、ほとんど相手にされなかった。会社側も一顧だにしなかったし、労働者側も「おれたちは家族ぐるみで命がけで戦っているのだ。学生たちは邪魔になる」とむしろ迷惑がった。彼らが市街地でジグザグデモをやったとき、警察は一部隊だけで全員捕えてしまった。「子供たちは怪我をしないうちに帰れ」と言って釈放したところ、全員おとなしく帰った。この事例をみても、三池争議の関係者がいかに命がけで戦っていたか想像できると思う。

最後の決戦の場所は貯炭場（ホッパー）であった。会社はここを不法占拠している組合側のピケを排除すべく、断固、仮処分の申請を出した。まさに宣戦布告である。法を執行するために結局、警察も出動することになった。新聞には組合側二万人、警察側一万人の対決と報道されたが、実数はこれより少なかった。とにかく二万人近くの組合員がこん棒その他の武器を持ち、火炎壕を掘り、あくまでも死守せんとしたのだから、警察が実力行使をしたら大変な数の死傷者が出るものと、人々は恐れおののいた。

革新系の人が私のところに来て、「死傷者が出ることは目に見えている。警察は実力行使をやめてほしい」といったが、会社側は「社運をかけた戦いであり一歩も退けない」と強硬であり、裁判所も仮処分を執行する決意を固めた。そこで、警察も実力行使に踏みきった。

「集団暴力がまかり通るようでは、国家とはいえない。不法占拠者は断固排除する。死傷を出さないためにもガスを一日中使うつもりだ」

ところが、最後の大詰めにきて、炭労の委員長が政府に仲裁を頼んだ。その結果、実力行使寸前に政府は仲裁に入り、「警察は実力行使を控えよ」という指示がでた。私としては集団暴力は絶対に許さないという大義名分を示したかったが、とにかく日本人同士が血の雨を降らさないですんだので、内心ほっとした。倉田さんは当時を述懐して、「あの時、命がけで暴力と戦ったおかげで会社は立ち直った。多くの社員たちも喜んでいます」。

最近、私は実業界に入って、意外といっては失礼だが「命がけの経営者」が多いのに気がついた。一握りの全学連の暴力に震え上がっている一部の大学の経営者や教授たちとは対照的だ。

「企業は戦いである」ということを、今さらながら痛感している。

人材育成の重要性

昭和四十一年、経済同友会の講演会で、ドイツの経済学者、フィッシャー教授の話を聞いたことがある。経営学については世界の権威だというので、さだめし専門的な経営理論も聞かされることと内心恐れをなしていたところ、話の内容はまことに直截簡明であった。

「会社の経営上、最も重要なことは人材を育てることと、優秀な会社幹部を選ぶこと、この二点に尽きる。ところが世界中に人間学を教えている大学は見当たらない。従って、各会社がそれぞれ社員の人間教育を行わなければならない。その中でも幹部教育が最も重要である」

私は話を聞いているうちに、理論的には単純だが、実際には最も重要なポイントをついていることに気がついた。というのは私自身が会社経営で最も苦労しているポイントだからである。教授はさらに話をつづけた。

「優秀な会社でも三代目になるとよく倒産することがある。そのわけは、初代社長は自ら会社を発展させた人で、まず心配はない。二代目は先代の惰性でなんとか維持してゆける。ところが三代目になると会社の幹部に太平ムードが出て、放漫経営となり、その結果、会社をつぶしてしまうのである。最高幹部の心構えというものはまことに重大である」

私は日本にも昔からこの話に似た川柳があるのを思い出した。

唐様で売家と書く三代目

そういえば日本も明治維新以来、ちょうど三代目に入っている。その間、物質文明はたしかに驚異的発展をとげたが、精神面では残念ながらレベルダウンをしてしまった。先日、ある老人が慨嘆して語った。

「日本の指導者をみると、明治時代には尊敬できる大人物が多かった。ところが大正、昭和になると見識はあっても人間的深みのある指導者が少なくなった。それが戦後になると、その見識までなくなって全体的に小型化してしまった。その証拠に各時代の代表的人物の顔を写真で比べて見なさい。一目瞭然である」

たしかに多くの日本人は、敗戦のため腰を抜かし、前科者のような気持ちで日本古来の道徳を惜し気もなく捨ててしまった。その結果、堂々たる見識が消えてしまったのである。

私は、時々若い青年たちと話をする機会があるが、どうも今の青年たちには何か背骨が一本抜けている感じがある。いわゆる「サムライ」がいなくなった。その原因はちゃんとした人生観なり見識がなくなったからであって、要するに「自己不在」の傾向だと思う。

私は昭和十年に大学を卒業、内務省に採用され、山口県庁で見習いをすることになった。東京育ちの私は貧弱な山口の町を見てがっかりしたが、この田舎町で受けた指導は最高にすばらしいものであった。知事、部長、課長ら先輩が「待っていた」とばかりに寄ってたかって、公私にわたり大学出の私を鍛え上げた。知事さん自ら出張に私を連れて行き、自動車の中で、宿屋の部屋で一対一の人間教育をしてくれた。外国帰りの経済部長さんは、私が「田舎役人にならないように」と、洋書を何冊も貸してくれた。警察部長さんは「大勢の人たちを指導できる自信を持てるように」と警察学校の講師にしてくれた。重要な会議でもあると秘書課長から、「参考になるから出席するように」と連絡してくれた。若い課長さんたちは毎日昼食を一緒にして雑談の中で「役人の心構え」なるものを聞かせてくれた。また夜になると料理屋に連れて行き、酒席の指導をしてくれた。もちろん、こういう勉強は大学時代には想像もしなかったことばかりであった。

おかげで私はわずかの期間に役人としての基礎教育を習得できた。今でも、この時代の先輩たちには心から感謝している。

最近は研修の方法まで合理化だ、近代化だといろいろ進歩したようだが、私が見習い時代に受けたような気合のはいった鍛え方は見られなくなったらしい。考えてみると、気の毒な話である。

寄り合い所帯の強み

昭和四十三年の定期株主総会の席上、私から会社の業務報告をしたところ、株主の皆さんは大変に喜んでくれた。

「創業三年目で社員数が二千四百人に達したということはすばらしい発展だ。しかも、こういう配当ができるなんて、当初予想もしていなかった。あなたの武士の商法もとうとう軌道に乗りましたね」

「まだまだ軌道に乗ったとはいえません。ようやく創業時代を過ぎて、これからいよいよ本格的運営の段階に入ろうとしているところです。その前提として、この際まず社の基本精神とか社風というものの基礎を確立し、社員の思想統一をはからねばならないと考えております」

私の会社のように創業以来日も浅く、しかも急激に大きくなった会社では、必然的にブレーンである幹部職員を官公庁や大会社から採用している。その結果、その経歴が違うように幹部の考え方はまちまちである。幸い立派な人物が集まっているので重大な支障はないが、会社の方針や計画を決める場合、意見がなかなかまとまらず、いささかくたびれることがある。というのは各幹部諸君は今まで勤めていた職場での考え方をベストだと思いがちだからである。

そこで、私は新たに入社した幹部職員には、できるだけ早く頭の切り替えをするように要望している。率直にいって高年層の人の中には頭が固くなってしまった人が少なくない。しかも既成観念が頑強に根を張っているので、頭を切り替えることは容易ではない。しかし、私はあきらめず、どこまでも幹部諸君に強く要望している。

「私と幹部諸君との間には根本的な考え方に少しでも違いがあってはならない。手元で一ミリ違うと末端では百メートルも違ってしまう。ちょうど射撃と同じことである」

さて、会議で甲論、乙論、意見がなかなかまとまらない時、私はオーケストラの指揮者の苦労を思い出す。指揮者の方がまだ楽だと思う時もある。

というのはどんな難解な交響曲でも、ちゃんとした楽譜があり、楽士はそれにもとづいて演奏してくれるのだから、指揮者は自分の解釈に全員をまとめ上げればよいのである。ところが寄り集まりの幹部たちで問題を論議していると、それぞれが自分勝手に楽譜を作ろうとするので、黙っているといつまでたってもまとまらないのである。

そこで、私は一日も早く会社の基本になる楽譜を作り上げ、これを幹部全員に心から納得してもらおうと考えている。その楽譜こそ社の基本精神であり、社風だと思う。私が現在、幹部に要望している基本精神は次の三つである。

第一は自分の会社に誇りを持つこと。

第二は企業の戦いに勝ち抜く根性を持つこと。

第三は社員全体の幸福を常に念頭におくこと。

もちろん、もっと立派な精神があれば遠慮なく加えてゆくつもりでいる。最近この考え方が少しずつだが徹底し、社員間の思想統一が進んでいるように見えるのは喜ばしい。

もちろん、私は寄り集まりの組織には弱点がある半面、大きな強みがあり、楽しみがあると思っている。というのは、一人一人の幹部職員が持っている異なった経験や能力を全部集めて、それを活用できたら大きな戦力になるからである。問題は、その力を一本にまとめ上げられるかどうかという点である。

将棋の例でいうと、多くの会社では整然と金将と歩をそろえているようだが、私の会社では飛車、角行、金、銀、桂、香、歩と何でもそろっている。この多種多様の駒を一つの作戦の下に一糸乱れず動かせたらしめたものである。また一つ一つの駒には長所と弱点があるが、その弱点ばかり取り上げて不平ばかりいっていたのでは、良い将棋は打てない。やはり、それぞれの駒の長所を思う存分に生かし、その弱点は全部の力でカバーしている。そこではじめて将棋が打てるのだと思う。

私は、今後なんとしても幹部諸君の基本的な考え方を一本にまとめあげ、しかも各人の持っている力をフルに発揮できるように心掛けたい。

人間の評価——四つのランク

この地球上で最も善いことをするのは人間だけれども、また最も悪いことをするのも同じ人間なのである。いささか矛盾しているように聞こえるが、よく考えてみると、当然の話なのである。というのは人間は地球上で最大最強の能力の持ち主であって、善きにつけ、悪しきにつけ最も大きなことができるからである。

ところで、世の中では人間を評価する場合、その人の知能を基準とするのが普通である。その最も顕著な例は学校の成績表であろう。しかし、実社会ではそうした基準は適当でない。むしろ、その人の性格を基準として人間の評価を行うべきだと私は信じている。そこで私は人びとを次のようにA・B・C・Dの四つに分けて考えている。

まず最下等のDのランクに属する人について考えてみよう。このランクに属する人とは「能力は優れているが、性格の悪い人」をいうのである。どうして最下等かというと、これらの人は能力が大きいために、その悪い性格が大きく現われるのである。いわゆる大きな悪のできる大悪党となる危険がある。私のところによく「性格に欠陥があるが、能力は抜群だから君の会社で採用してくれ」と頼みにくる人がいるが、私は即座に「とんでもない、そんな人は真っ平だ」とお断りしている。その人は「人材なのに惜しいですね」と残念がって帰って行くのである。Dタイプ最大の人物は、秦の始皇帝とソ連のスターリンだったと思っている。

次にCランクに属する人たちを考えてみよう。この人たちは「能力も低いし、性格も悪い人」なのである。まさに箸にも棒にもかからない困った人たちである。どうしてDランクの人たちより上かと聞かれるが、理由は簡単である。要するに能力は小さいから、大きな悪事はできないのである。いわゆる小悪党にしかなれない人であり、社会の人たちで簡単に押さえこめるのである。しかし、能力が低いからといって一概に軽視することはできない。というのは、小悪党はとかく徒党を組んだり、党派に加入することによって、集団として大きな能力を持つことができるからである。さらに問題は、集団に入ると、仲間が多いために自分たちは悪くないという錯覚に陥り、それを盲信してしまうのである。

では、その上のBのランクに属する人たちを考えてみよう。このランクの人は「能力は低いが性格の良い人」をいうのである。このBランクから性格の良い人になるわけで、まさに社会の宝だと考えている。たとえ一人では小さな力でも、協力することによって大きな善を行うことができるのである。また、誠実に努力し精進することによって、その低い能力を向上させ、高めることができるのである。ちょうど将棋の歩みたいに、真っ直ぐに前進すれば、末は金将に出世できるようなものである。私のところに遠慮がちに「能力は物足りないが、性格だけは信用できる人物がいる。採用してくれるだろうか」と頼みにくる人がいる。私は言下に「喜んでお会いします。すぐ連れておいでなさい」と承諾することにしている。そういう人は努力いかんでは立派な幹部になれるし、まことに楽しみである。

最後に、最上等のAランクに属する人を考えてみよう。いうまでもなく「能力も優れ、性格も立派な人」である。もちろん、こういう人は大きな立派なことを成し遂げられる人であり、私は三顧の礼をもって会社に迎えることにしている。要するに、エリートコースを進む人であって、将来会社を支える幹部になれる人なのである。

しかし、こうした人にも一抹の不安がないでもない。というのは、どれほど立派な人でもつまらない欲望に負けて堕落しないとも限らないからである。世の中にはそうした例が多く、まことに残念に思っている。たとえば、権力欲の鬼となった政治家、出世欲の虜となった公務員、金銭欲の盲者となった実業家たちである。いずれもそうした汚い我欲に負けて、大切な自分の魂を悪魔に売った姿である。こんな人たちにはびこられては、社会の人びとこそ災難である。こう考えてみるとA・B・C・Dの順位は一つの直線の上に並ぶものではなく、むしろぐるっと環状に配列されると思う。

結局、人間を悪くし社会に禍を及ぼすものは人間の我欲なのである。もちろん世の中に欲望のない人間はない、その欲望を抑制できる強い道義心があるかないかが問題である。戦後、日本の混乱は結局道義心の退廃からきていると思っている。

勝ち抜くファイト

企業は戦いである。しかも食うか食われるかの激しい戦いなのである。すべての会社はこの戦いに何が何でも勝ち抜かなければならないという宿命をもっている。というのは、この戦いに敗れるということは、とりもなおさず会社がつぶれることを意味し、社員たちは路頭に迷う結末になる。

そのためには、会社の経営者ならびに幹部たる者はあくまでも企業の戦いに勝ち抜くという強いファイトが必要である。考えようによっては、戦国時代の武将に劣らないほど強い戦意がなければならないと思う。「会社の運命を背負って立とうという気持ちもなく、ただ月給の分だけ働けばよい」と割り切っているいわゆるサラリーマンの安易な気持ちは許されない。そんな気持ちでは激しい企業の戦いをとうてい勝ち抜けるはずはないのである。

私がこの会社の創設に当たり、各方面から幹部要員を採用した時、先輩の坂さんから強い忠告を受けた。

「君はもっぱら大会社や官庁から評判の良い秀才を集めようとしているが、君のところのようにこれから作ろうという会社には向かないと思う。というのは、大きな組織の中で育ってきた幹部たちはその組織の中に安住してしまい、会社の運命を自ら背負って立つという強い気概は見られない。企業の戦いに勝ち抜くためにはどんな悪条件でも自分の力で切り開いてみせるというファイトが必要なのだ。その意味では、むしろ、中小企業の中で悪戦苦闘して生き残ってきた幹部の方がはるかに頼りになると思う」

当時、実業界の経験の全くなかった私には、その忠告の深い意味がよく分からなかった。しかしその後、私の会社が次第に大きく発展するに及んで、坂さんの忠告の意味がだんだん理解できるようになった。

会社が発足した当時はまさにひと握りの小さな組織であり、いつ踏みつぶされてしまうか分からない危険な状態にあった。それだけに当時の幹部の心の中には、「なにがなんでも会社を作り上げて、企業の戦いに勝ち抜こう」という強いファイトがみなぎり、次々に直面する悪条件を事ともせず克服していった。この幹部のファイトこそが私の会社を作り上げたのであって、まことに心強い限りであった。ところが、今や会社は業界最大の会社にのし上がり、その規模もマンモス化してしまった。その結果、いつの間にか幹部の気持ちの中に少しずつだが変化が見られはじめた。大きくなった組織の中で安心感が生まれ、同時に危機感が薄れて、自分の力で何が何でも会社を発展させなければならないというファイトがいささか抜けてしまったのである。これは大会社として避けられない宿命かもしれないが、会社の将来を考えると、まったく憂慮すべき傾向だと思う。ファイトを失った幹部などは張り子の人形にすぎず、会社にとって少しも戦力にならないからである。

さて、社員のファイトが最も物をいうのはいうまでもなく営業の戦いであろう。営業とは群がる競争会社を押しのけて契約を勝ちとるという激しい戦いだからである。真剣味のない形だけのセールスなどは、いくら繰り返しても相手の心を動かすことはできず、決して契約に結びつかない。

次に社員教育の面でも指導者のファイトが重要である。若い社員をあくまでも立派に育てあげるという真剣さがなければ、その成果は期待できない。おざなりの指導などは若い社員からばかにされるだけである。そもそも教育は相手の心に火をともすものであり、指導する者の心に大きな火が燃えていなければ話にならないのである。

考えてみると、私の会社は多くの優れた条件に恵まれている。それだからわずかの年月でこれだけの驚異的発展を遂げることができたのであって、心からありがたく思っている。

まず株主には超一流の会社をそろえている。こんな強力な株主に支持されている警備会社は世界広しといえども見当たらないであろう。また現在の契約先をみても日本の一流会社を網羅している。この契約先の協力を得れば天下恐るるものなしである。さらに機械警備の機械類も世界最高水準の性能を誇っている。

このように多くの優れた条件を備えたわが社の将来はまさに洋々たるものがあり、世界一の警備会社になることも決して夢ではない。

しかし、これらの優れた条件の上にあぐらをかいていたのでは、その威力を発揮することはできない。結局、社員のファイトがこれらの優れた条件を生かすからである。ファイトがなければ、せっかくの条件もまったく猫に小判であり、そう考えてみると、社員を指導する幹部のファイトこそが会社発展の原動力というべきであろう。

会社が短期間にこんなに大きく発展できたことは、たしかに喜ぶべきことである。しかし問題は会社の大きさより中身であり、とくに社員の精神力である。社員の心にファイトを失った会社は、どれほど大きくても張り子の虎にすぎない。私の会社もその意味で今や重大な岐路に立っていると思う。いま幹部諸君が再びファイトを大きく燃えあがらせることが最も重要だと考えている。

幹部の責任感

会社で幹部になるということは、とりもなおさず担当業務の責任者になるということである。そういうわけで幹部たる者は例外なく旺盛な責任感の持ち主でなければならないはずである。逆にいうと、責任感の欠如した者は幹部となる資格がないということになる。

さて幹部の責任感といっても人さまざまであって、まさにぴんからきりまである。私はそれを上、中、下に大別できるような気がする。

まず下に属する幹部だが、一応責任者であるという自覚はあるのだが、その責任感がまことに薄っぺらであって、いつも責任逃ればかり考えているタイプである。一言でいえば、卑怯で潔くない。

失敗した時のせりふは判でおしたように、いつも同じである。

例えば「条件が悪かった」とか、「気が付かなかった」とか、「忙しかった」という弁解を繰返し、決して自分は責任を負おうとしない。それがさらにひどくなると「部下が悪かった」とか、

「上役の耳に入れてあった」というように、他人に責任を転嫁して平然としているのである。こんな無責任な気持ちで仕事に取り組まれたら、失敗は多いにきまっており、会社こそまったく災難である。

　次に中に属する幹部だが、責任者であるという自覚も立派にあり、責任は自分が全部負うという潔さも持っている。しかし残念ながらその責任感が消極的なのである。例えば失敗したら「私が責任を負って、辞めます」というタイプである。その潔さには一応好感を持てるが、これでは会社が困るのである。悪くいえば「後は野となれ山となれ」の態度であり、会社としては迷惑千万である。要するに戦いに敗れたら腹を切って死ぬという武士の類である。

　有名な葉隠精神に「武士道とは死ぬこととみつけたり」という言葉がある。ちょっと考えるとこの精神に通じているように思えるのだが、私はそうは思わない。なぜなら葉隠精神とは、失敗したら腹を切って責任を負えばよいというような、気楽な消極的なものではないはずだからである。武士たる者はあくまでも戦いに勝たなければならないという積極的な責任があるからである。

　もっとも、この中の部に属する幹部は全責任を負うという気持ちを持っているだけに、仕事に対しても当然真剣になり、下に属する者よりは失敗も少なく会社にとってははるかに頼りになるのである。

　では上の部に属する幹部とはどんな責任感を持っているのかというと、担当した仕事は何が何でも責任をもって成功させてみせるというタイプである。私は葉隠精神の神髄もこの精神だと信じている。負けたら死んでお詫びをするというような消極的なものではなく、命にかけても戦いに勝ち抜くという積極的な責任感の武士としては当然にそういう強い持ち主でなければならないからである。

企業も同様に激しい戦いである。失敗は絶対に許されない。命がけで取り組めばかならず道は開け成功するはずである。こういう幹部を揃えた会社は万々歳であり、必ず発展するのである。会社はこういう幹部にはどれほど高い待遇を出しても惜しくはないと思う。

4　折に触れて

断絶をなくそう

「現在、日本の社会で最も憂慮すべき問題は何だろうかと聞かれたら、私は躊躇なく、「それは大人と青年との間に深まりつつある断絶の傾向であろう」と答えざるをえない。ところが、大人たちの中には、この問題を簡単にあきらめてしまって、「最近の青年たちはどうしようもない」と切り捨ててしまう人が少なくない。しかしこれはとんでもないことである。

考えるまでもなく、これら青年たちこそ、好むと好まざるとにかかわらず、われわれ大人たちからバトンタッチを受けて、日本の将来を担う大切な後継者たちなのである。あくまでも立派な後継者になってもらわなければならない。ちょうど、リレー競走で、自分たちがどんなに努力して走っても、次の継走者がつづいて力走してくれなければ、万事休するのと同じことである。現在、大人と青年の断絶がどれほど大きく見えてもあきらめることは許されない。大人たちはその克服のために、全力投球で取り組まなければならない。

では断絶は一体どんな原因でできたのだろうか。この点について私は青年たちの意見を集めてみた。その主なものを二、三取り上げてみよう。

第一に現在の社会体制は、どこを見ても出来上がってしまっている。もはや、青年たちが人生を賭けて開拓するような役割は残っていない。大学を卒業し社会に出ても、現体制の中の一つの歯車として動かされるにすぎない。それでは生きがいを感じることはできない。

第二に青年たちは、たえず新しいものを求めている。古い考え方や古い体制には盲従できない。これを押しつけようとする大人の権威に対して、反抗的心情になるのはむしろ当然である。

第三に大人たちは、現在の体制にしがみつき、その矛盾や欠陥に対して頬かぶりをし、現状を固定しようとする。改革を要望しても誠意がない。闘ってこれを破壊する以外に道はない。

第四に現状の大人と青年の間に出来た断絶は、世界的現象であって、いうならば地殻の変動のようなもので、今さらどうなるものではない。

等々である。果たしてそのとおりなのだろうか。この断絶を解決する道はもはや、残っていないのだろうか。もしそうだとしたら一大事である。

大人と青年の断絶を論じるとき、いつも不審に思うことは、断絶の真の犠牲者は青年たち自身であるのに、彼らはその点に少しも気がつかず、むしろ得々として大人たちを罵倒していることである。しかし、いかに青年たちが偉そうなことをいっても、要するに社会生活の経験に乏しく未熟なのである。その意味で社会生活の経験を豊富に持っている大人たちから、学びとるべきことは数え切れないほどたくさんある。しかし、青年たちは心情として、大人のいうことに無条件で盲従することを潔しとしない。むしろ得々として大人たちの考え方なり、生き方に対して批判的、拒否的な態度をとるのである。では、彼らは自分たちの考えのより所をどこに求めているだろうか。どうも確固たる見識を持っているとは思えない。つまるところ進歩的学説、とくに外国の新しい学説の中からより所を求めがちである。これらの進歩的学説は、いずれも現在の体制に対して批判的であり、青年たちにとっては、お誂え向きの種本になるからである。青年たちはこれらの種本だけを唯一の武器として大人たちの社会を批判し、破壊しようというのだから、乱暴な話といわざるをえない。

これを山登りにたとえてみよう。彼らの態度は「山の案内人の考えなどは古臭い」として案内を拒否し、また「今までの山道は古くさい」として否定して自分勝手に山の中に入り込んで、そのあげく道に迷いうろうろしている未熟で乱暴な登山家の姿にほかならない。もちろん、その山について大いに研究し、また立派な新道を求めることは結構なことである。しかし、その努力もせず、ただ古いというだけで、今までの山道を否定してしまうのは無謀である。

青年たちが大人たちより優れた考え方や生き方を探し求め、また今まで以上に立派な社会を築くことは結構であり、むしろそれを期待しているのだが、そういう努力を一切怠り、ただ種本を聞きかじって、がむしゃらに古い考え方に反抗し、今までの社会を破壊しようという態度は、たとえ青年であっても許せない。青年はもっともっと大人たちから学び取れるものはなんでも学び取り、そしてさらにその上を乗り越えて前進しようという堂々たる態度をとってもらいたいものである。

先日、数人の学生たちに「君たちは具体的にどんな社会を理想と考えているのか」と質問したところ、彼らの説明は支離滅裂になってしまった。どうやら破壊は考えているが、建設についてはあまり心配していないのである。

おかしな話である。というのは「日本の将来が悪くなったら最大の犠牲者はとりも直さず日本の青年たち自身なのである」。大人たちはいずれは消えていくものであり、ただ次の世代の人たちが幸福になることを願っているだけである。青年たちはもっと真剣に、もっと責任をもって社会の将来を考えなければならないはずである。そのためには大人と協力し、大人の経験を大いに受け継ぐべきである。大人との断絶を得意がり、自ら途方にくれるようなことになったとしたら、まさにナンセンスである。

大人と青年との断絶はこのままでは深まるばかりである。やはりこの断絶に対しては、大人の方から直接的に埋める努力をしなければならないと思う。その努力をしないで青年が悩み苦しんでいる様子を見て、「大人の言うことを聞かないからそんなざまになるのだ。分かったか」と罵倒している大人の姿を見ると、私はむしろ義憤を感ぜずにはいられない。大人と青年との間の断絶とは、大人が青年に対して指導力を失った姿にほかならず、結局、その責任はすべての大人の側にあると考えるからである。

一体どうしたら具体的に大人たちが青年たちに対し、指導力を取り戻すことができるだろうか。次の三点につきると私は考えている。

第一は大人たちが、この新しい時代の中で説得力をもつモラルを確立し、しかもそれを自らまじめに実践することである。モラルは実践によって、はじめて価値が生まれる。

第二は大人たちが率直に社会の改善、進歩を考え、しかも真剣にその実現に努力すること、ここでも真剣であることが大切である。

第三は大人たちが青少年たちを信頼し、愛情と勇気をもって指導に当たることである。

しかし、問題はむしろ指導の具体的方法にあると思う。例えば新しいモラルとか、理想社会とかを大人だけで独善的に考え出し、これを一方的に青年に押しつけようとしても、それは拒否されてしまう結果になるだろう。それよりは、白紙の立場で青年たちと話し合い、その話し合いの中から正しい結論を引き出すというやり方の方が賢明である。というのは、一緒に考え出した結論である以上、青年たちもその結論に対しては責任があるからである。また批判は容易であるが、建設的意見を出すことが難しいことを理解するからである。

もう一度、山登りにたとえてみよう。古い山道を大人たちは無条件に支持し、青年たちは古いからという理由だけで拒否しようとする。それでは大人と青年の間に意見は対立するはずである。そんな対立を続けているよりは、大人と青年が実際に現地に乗り込んでいって、具体的にその山の実践踏査を行い、最も優れた登山方法を考え出すのが、一番手っ取り早い解決策である。そういう努力の中で青年たちは、ただ古いから悪いに決まっているという暴論を取り下げるだろうし、大人たちも古い山道を少しでも改善するか、よりすぐれた新道を作ろうという気持ちになると思う。

大人と青年との断絶を解決する道は、大人たちが勇気をもって青年たちの中に乗り込んで、まじめに話し合う以外にありえない。案外、大人たちが青年たちに近づいてみると、あれだけ大きく見えた断絶が蜃気楼のように消えてしまうような気がするのである。

人間の幸福について話し合おう

現実に青年たちと話し合ってみると、思ったように話はかみ合わず、なかなか期待したような成果は上がらない。両者の価値観も違うし、道徳観も違う、また社会体制に対する見解も対立しているからである。そこで私は青年と話し合う場合、具体的な時局問題よりはむしろ「人間の幸福」というような基本問題から話を切り出す方が効果があるような気がする。すべての人間は例外なく幸福を望んでいるし、また、価値観にしても、道徳観にしても、社会体制に関する意見にしても、すべてこの人間の幸福を基礎として考えられているからである。いささかドグマになるが、人間が幸福になるためには、必ず二つの条件を備えなければならないと信じている。一つは個人的条件であり、もう一つは社会的条件であり、そのどちらの一つを欠いても人間は幸福になれない。

まず個人的条件から考えてみよう。

世の中には「富」こそが幸福の最大条件だと、誤解している人が少なくないようだが、これはとんでもない考え違いである。その証拠に、世の中には不幸に苦しむ金持ちが、星の数ほどもたくさんいるではないか。もちろん、物質的に豊かになることも幸福の一助にはなるが、そのものずばりが幸福なわけではない。人間は物質だけでは決して幸福になり切れるものではない。むしろ精神的な喜び、とくに幸福感を持つことによって、真の幸福が得られると思う。

人間が幸福になるための諸条件を考えてみよう。まず第一は健康である。

私自身、病気にかかり一年以上も病院生活をしたことがあるが、重病人にとっては、見舞いに来てくれる人の健康そうな顔は幸福いっぱいに見えるのであり、また朝早く回ってくる牛乳配達や、新聞配達さえうらやましく思える。昔の俳句に「初雪やあれも人の子樽拾い」という句があるが、重病人から見れば、どんな大雪の中でも労働できる人は気の毒などころか、まったく幸福な人に思えるのである。

ところが、大病を経験したことのない健康な人は、健康のすばらしさが理解できないようである。

私はまた、十数年前に網膜炎にかかって失明しかかったことがあったが、その時はまったく目の前が真っ暗になったような暗澹たる心境であり、壷坂霊験記の沢市の心境が分かるようであった。もっとも私はその後、治療のかいあって視力を取り戻すことができたが、その苦しい経験から、目の見えるということがいかにすばらしいことかを知ったのである。その半面、目の見えない人たちは本当に気の毒だと同情している。

次に世の中には美盲（私が作った言葉）の人が案外多いのに驚いている。

この人たちは、目は立派に見えるのだが、気の毒にも美的感覚を欠いているのであり、世の中にたくさん存在する美しいものを見ても、十分にその喜びを感じることができない。結局、その人はそれだけ幸福が制限されるのである。

よく見回してみると、世の中には美しいものが充満している。自然の美しさもすばらしいし、また人間の作った美術品の美しさもすばらしい。これらはわれわれ人間をこの上もなく喜ばしてくれ、毎日の生活を楽しくしてくれる。この美しいものに喜びを感じられない美盲の人はまことに気の毒だと同情している。おそらく犬や馬などは美的感覚は欠けていると思うのだが、せっかく人間に生まれても、美盲の人は美に関しては犬や馬と同類といわれてもしかたがないのではあるまいか。

こんどは徳盲（これも私の作った言葉）の人について述べてみよう。

徳盲の人とは道徳心が麻痺し、欠如してしまった人たちのことをいうのであり、残念ながら最近数が増えてきている。人間社会のあるところ、必ず人々の履むべき道が作られる。それが道徳なのである。もともと人間は道徳を持っているからこそ万物の霊長として高く評価される。ところが戦後、ヒッピー族のような非道徳的な傾向が流行しはじめた。彼らは古い習慣や道徳を頭から否定し、自由奔放な生活をエンジョイし、これこそが最も人間らしい生活だと錯覚している。ちょうど高崎山の野猿の群れと同じである。私はいちど、ヒッピー族たちにどこかの島でも与え、思う存分の生活をやらせたら面白い結果を見ると思っている。必ず数十年もたてば、彼らはその自由奔放な生活に行き詰まりを感じ、従来とあまり違わない道徳や、法律を作り出すことになるだろう。

最後に福盲の人（これも私が作った言葉）についてふれてみたい。

福盲の人とは自分が恵まれた人生を送っているにもかかわらず、その点に気がつかない人である。自分が幸福であることを理解できず、常に不平不満の日々を送っている人である。こういう人のことを世間では罰当たりの人というが、考えてみると、まことに不幸な人だといわざるをえない。

われわれは、まず、この美しくすばらしい地球の上に生きていることに喜びを感じなければならない。最近、宇宙科学が発達し月や星の実体が判明してくるに従って、宇宙の中で地球ほどすばらしい星のないことが分かってきた。よくぞこのすばらしい地球の上に生まれてきたものだと思う。

次に、われわれは人間として生まれ、そして楽しい人間社会の中で生活していることのありがたさが分からなければならないと思う。青年たちの中には現在の社会の欠陥や矛盾のみを指摘して、こんな社会は破壊してしまえと決めつけている者がいる。乱暴な話である。たしかに人間社会にはいろいろと欠陥もあり、改善しなければならない点も少なくない。だがそれだからといって、直ちにこれを否定したり破壊しようとすることは間違っている。それは人間が人間を否定することになるからである。もしそんなにこの人間社会に憤りを感じるならば、潔く人間社会から飛び出したらよい。おそらく一週間もすれば人間社会のありがたさを身をもって思い知り、すごすごと舞い戻ってくるに違いない。

私がかつて病気にかかり、一年以上も病院生活をしたことは、前に述べたとおりであるが、まことに退屈極まりない生活であった。それだけに一年ぶりで退院できた時の感激はまことに大きかった。退院して自動車で帰る途中、窓から見た周囲の風景の美しさはまさに驚嘆するばかりであり、また、街の雑踏の中で見る人々の顔はこの上もなく懐かしく、また楽しいものであった。そしてわれわれ人間は、平素こんなにすばらしい風景や楽しい人間社会の中で生活していたのかを、改めて思い知らされた。

およそ人間は、単独ではまことに無力な生きものである。それだから、昔から常に群れをなして共同生活を営む習性を持っている。太古の原始時代には同じ種族の者だけが各地に部落を形成し、共同して食べ物を獲得し、共同して部落の安全を守った。その後社会はいろいろと進化し、現在は大小さまざまな社会が出来上がっている。家族社会、職場社会、国家社会、国際社会等々である。そのいずれもが独自の機能を持っており、われわれにとって重要な存在なのである。その内容や運用によっては、われわれの幸福に大きな影響を及ぼすものであるが、ここでは国家社会と国際社会のみを取り上げてみたい。

まず国家社会の二つのパターンを書いてみよう。

世界には百数十を超えるたくさんの国家が存在しているが、その内容はまさに千差万別である。優れた国土に住む国民は幸福であり、その反対に芳しくない国土に住む国民は不幸である。では、一体どんな国家が人間にとって理想なのだろうか。この点についてはいろいろの議論なり学説があり、まさに百花斉放の感がある。資本主義を支持する者もいれば、それを否定し共産主義を主張するものもいる。しかし、私は素直にいって学説なるものをあまり重視しないことにしている。というのは、われわれは学説を問題にしているのではなく、その国家の実態そのものを問題にしているからである。ちょうど、われわれがレストランでメニューの字句を問題にしているのではなく、そのレストランで食べる料理の味と栄養価を問題にしているのと同様である。

さて、人間は神でもなく、また野獣でもなく、あくまでも人間なのである。人間である以上、国家社会はあくまでも第一に自由であること、第二に平和であること、第三に豊かであること、第四に公正であること、第五に道義的であることが望ましいはずである。これらの条件の一つでも欠くようなことがあれば、どれほど立派なイデオロギーを唱え、立派な政策を打ち出しても、その国家は落第である。人間は学説のためにあるのではなく、学説は人間のためにあるからである。

人間はもっともっと立派な社会を求めてよいと考える。

私は、昭和二十四年にベルリンに旅行したことがあるが、ちょうど一カ月前に東ドイツ全域にわたって激しい暴動が起こった直後で、東ベルリンの町は一段とみじめに暗く感じられた。私は西ベルリンの市内に隠れていた暴動の指導者たちを探し、直接話を聞いた。

彼たちは私の質問に率直に答えてくれた。「われわれがどうしても我慢できなかったことは、ソ連という外国が支配し、われわれドイツ民族に自主的な政治を許してくれないことだ。スターリンが死んだのでチャンスだと思って命がけで立ち上がった」彼らの表情はいずれもこわばり、目はぎらぎら光っていた。もちろんそれから長年月たっており、現在では事情も大分好転したと思っているが、国民の自由が完全に認められたとは言えないようである。

さらに数年前、私はニューヨークに旅行した。さすがに資本主義の牙城であり、天に届くような摩天楼が立ち並んでいる有様は壮観である。しかし、私はどうも心から祝福する気にはなれなかった。街中で見かける市民の表情はどうにもはつらつと見えなかったからである。私が最も気になったことは、アメリカ国民の道義心に影がさしているように思えたことである。たしかにニューヨークは、自由の女神に象徴されているように自由の天国であった。しかし、人間の自由は立派な道義心に裏打ちされて、はじめて価値があるのではあるまいか。ところが、私にはアメリカ人の道義心が、最近ひどくダウンしつつあるように見えた。青少年の中にはマリファナ常習者が激増しつつあり、青少年の犯罪件数も一向に減らないそうである。ニューヨークの町を歩いてみてとくに印象的だったことは、堂々たる摩天楼の谷間に取り残されたようにいくつかの教会が古ぼけて埋まっている姿であった。どうもアメリカ人の信仰心が地におちた姿を見せつけられたような気がした。アメリカは物質的繁栄の中で、精神的に崩れつつあるように思える。かつて私はこんな話を聞いたことがある。「その昔、ギリシヤ人はあまりにも自由を求め、ついに義務を果たさない自由まで求めた結果、国は滅び、すべての自由まで失ってしまった」アメリカ人もこの轍を踏まなければよいがと、他人事ながら心配になったのである。

以上のように世界中どの国をとっても、その実態には欠陥が見られる。いたずらに学説を論じたり政策を主張するよりは、具体的に国内の実態を検討して、その改善をはかることが先決だと信じている。

次に最も難しいのが国際社会の問題である。

世界中の人々は、ひとしく世界の恒久平和を心から願っているのだが、現実の世界は人々の願いを尻目に、各地でたえず紛争と対立が絶えない。そして人類にとって真の平和を維持することが、いかに至難なことであるかを、今さらながら思い知らされるのである。一体、これはどうしたわけだろうか。その理由はまことに簡単明瞭である。要するに世界各国の利害関係が決して一致するものではない、むしろ鋭く対立しているからである。その上、人間は国家単位では露骨な利己主義者であって、むしろそれを愛国心と考え絶対に譲ろうとしないからである。

第二次大戦の原因を考えてみよう。いささかドグマ的かもしれないが、私はこう考えている。当時、世界には五つの国家群が存在していた。

第一はイギリス、フランス、アメリカのような大国であり、すでに大きな領土と資源を保有し、現状に満足し、これが維持確保に努力した。

第二はドイツ、イタリア、日本のような新興勢力であり、発展のためにさらに大きな領土と多くの資源を求め、進出をはかった。

第三はソビエト連邦である。当時としては唯一の共産主義国であり、多くの強大な資本主義国家群に包囲され、その活路をこれら資本主義国家間の戦争の中に求めた。

第四はアフリカ、アジアの植民地国家である。これらは自力では到底宗主国の強い支配をはねのけることができないので、これまた大戦でも起こり、宗主国が疲弊する機会をとらえて独立を図らんとした。

第五はスイス、スウェーデン等の中立諸国である。国土は狭いが現状に満足し、ただただ戦火が領土内に及ぶことを恐れた。こんな世界情勢の中で英、米、仏と独、伊、日の二つの国家群の対立が次第に激化して第二次大戦に突入してしまったのだと思う。

このように各国の利害関係が対立し合っていたことを考えると、第二次大戦は起こるべくして起こった戦争であり、国際社会の背負った悲しい宿命だったともいえるのである。

では、国際社会ではどうあるべきだろうか。いささか理想論だが私見を述べてみよう。

第一に、すべての国は自主独立でなければならない。一つの国が他国を支配するということを絶対に許してはならない。とくに武力で支配することは人類として悪である。戦後、植民地諸国が一斉に解放され、独立したことは全くすばらしいことである。

第二に、世界の禍いの種は国家的利己主義そのものである。そこで各国はそういう偏狭な考え方を一切捨て、世界的利益を優先させるという考え方を持つべきだと思う。例えば、自分の国だけ繁栄すればよいという利己的な態度はやめ、世界の繁栄の中で自国も繁栄の一部の分け前にあずかるという態度が必要なのである。

第三に、国際社会の紛争、対立はもっぱら誠意のこもった話し合いで解決すべきであり、武力的解決は一切避けてほしい。原爆の時代になったので、なおさら必然的にそうならざるをえないと思う。

第四に、国際社会の紛争の解決が、現状ではどうしても不可能ならば、それは人類の良識の破滅を意味するものである。世界は一つという考え方に立ち、世界連邦を建設する以外に道はない。

これによって国家的利己主義はある程度抑制できるだろう。

以上はまことに現実離れした理想論に見えるが、しかし、これ以外には、平和な国際社会を作る道はないのだからやむをえないと信じている

愛国心は必ず蘇る

国民の運命は国家の中にある

「国民あっての国家であって、国家は何よりも国民を大切にしなければならない。しかし同時に国家あっての国民であって、国民は何よりも国家を大切にしなければならない」。このことは古今東西に通ずる不変の道理だと固く信じている。

ところが現在、日本には自分を大切にすることには夢中なのだが、祖国日本を大切にすることを一向に気にかけない国民がやたらにはびこってしまった。本人はそれが新しい時代の考え方だと思いこんで得々としているのだが、まったくばかげた話だと思う。

いうまでもなく、国民の運命はあくまでも国家の運命の中にあるのであって、万が一にも日本が滅ぶようなことになったら、われわれの運命も終わりなのである。たとえ滅びなくても他国の支配下に組み込まれたら、それこそ日本民族の運命をわれわれ自身で決めることはできなくなり、とうてい我慢のできない境遇に陥ってしまうのである。こんなことは小さい子供たちでも理解できる簡単で明瞭な道理だと思う。

最近、私の友人がヨーロッパに旅行した時、その地の子供たちと話をする機会があったので、「君たちは愛国心を持っているか」と聞いたところ、彼らはけげんな顔をして「日本人はどうしてそんなクレージーな質問をするのか。祖国を愛さない国民などいるはずはない」とたしなめられて、その友人はギャフンと参ってしまったそうである。

オリンピック東京大会が開かれた時、私は大会の事務次長として世界中から集まった選手や役員たちの世話をしたのだが、その時、痛感したことは、彼らが一人残らず自分の国を愛し、誇りにしていたことであった。

それだから開会式の入場行進では、彼らの先頭に自国の国旗が誇らしげに掲げ、胸を張って力強く行進したのであった。まさにオリンピック大会の最高の情景であって、見る人たちを感激させたのであった。

なお大会中に私はチェコスロバキアの選手役員たちと話をする機会があったが、彼らは「戦後われわれはソ連の支配下に組み込まれた結果、まったく自由を失ってしまった。それよりも我慢できないことは民族の自決権を失ってしまったことだ。その点日本の人たちは自由と独立を持っており、羨ましい限りだ。ぜひわれわれのような失敗をおかさないように」とくれぐれも忠告してくれた。それから数年後、チェコスロバキアの国民たちは自由と独立を求めて命がけで反ソ闘争に立ち上がったが、結局ソ連の戦車部隊に踏み潰されてしまった。私は彼らの無念な気持ちがよく理解できて、心から同情したのであった。

愛国心はどうして萎縮したのか

戦前、あれほど強く立派だった日本人の愛国心が、戦後どうしてこんなに萎縮してしまったのだろうか。その原因を私なりに考えてみたい。

第一は敗戦のショックがあまりに大きかったためと思う。戦時中、日本の一億国民は少しの疑念もなく、すべてを犠牲にして戦争の完遂に協力したのだったが、敗戦という無残な結果に終わり、三百万人以上の日本人が戦死し、国土は焦土と化し、その上アメリカ占領軍に生殺与奪の権を握られてしまった。

日本人は大きな敗戦ショックを受け、滅私奉公、祖国に尽くすことに疑念を抱き、愛国心まで萎縮してしまったのである。

第二はアメリカ軍の占領政策が日本人の精神力を破壊してしまったためだと思う。戦後アメリカは日本が再び強い大国に立ち直ることを恐れて、再建の原動力となる日本人の精神力、とくに愛国心の破壊を企てた。すなわち日本人の歴史に対する誇りと道徳心、とくに愛国心を踏みつぶす目的で、学校教育から歴史と修身の課目を排除し、さらに国旗や国歌の使用まで禁止してしまった。

負け犬根性になった日本人は他愛なく愛国心を捨ててしまったのであるが、まったくだらしのない話だと思う。

第三は日本人が民主化の中でエゴイズムに陥ってしまったためだと思う。もちろん民主主義そのものは結構なことなのだが、日本の人たちは民主主義の中で、自分に都合のよい部分である権利の主張のみに夢中になって、自分に都合の悪い部分である義務の履行にそっぽを向いてしまった。その結果、日本人は自己の欲望や利益のみを重視するエゴイズムに陥り、国家の利益や民族の運命を重視する愛国心を無視してしまった。まさに民主主義の最悪の面が出てしまったのである。

第四はソ連の日本赤化政策が強く影響したためだと思う。いうまでもなく、ソ連は日本を赤化し、ソ連圏の中に組み込もうと対日政策を進めていたのであって、そのためには日本人の愛国心は最大の障害になるわけである。それだから事あるごとに「愛国心は軍国主義に通ずる」と非難し、激しく反対してきている。日本の革命勢力は愚かにもそのお先棒をかついでおり、とくに教員組合は日本の子供たちに愛国心が芽生えることを踏みつぶして得意になっているのである。ふざけた話だと思っている。

しかし、以上のような諸原因はいずれも一時的で根拠のないものにすぎず、致命的なものとは思えない。

日本の国難を克服してきた愛国心

もともと日本は四方を海で囲まれた安全な島国であった。それだけに、昔は外敵の侵略をうける危険はほとんどなかった。

戦争はたびたび経験したが、それはもっぱら国内の勢力争いの内戦にすぎず、どちらが勝っても日本の存在を危うくするものではなかった。したがって国家の存亡、民族の運命を対象とする本格的な愛国心は生まれなかったのである。

ところが今から七百年の昔、鎌倉時代にあたるが、当時、蒙古民族はアジアからヨーロッパにかけた広大な領域を征服し、世界最強の大帝国を築き上げていた。そして勢いに乗って日本もその支配化に収めようとして、まず和議を結ぶことを強く要求してきた。まさに歴史はじまって以来の国難であって、日本中が騒然となった中で、国民の愛国心は大きく燃え上がった。

朝廷も幕府も断固として蒙古の要求を拒否しつづけるとともに、幕府はただちに防備を固め、武士たちの士気は大いに上がった。蒙古の大軍は二回にわたって九州地方に来襲してきたが、日本軍は敢然としてこれを迎え、見事に撃破してしまった。世界歴史に残る大勝利であって、日本の存在を世界に示したものであった。

その後はしばらく日本を脅かす国難はなかったが、今度はヨーロッパの列強がアジアに進出し、各地を植民地化し、最後に日本に接近してきた。しかし日本人の士気は高く、各地の防備は固かったため、ついに手が出せなかった。

その後、徳川時代になると、幕府は頑固な鎖国政策とキリシタン弾圧政策を進めたため、ついに日本は植民地とならずにすんだのであった。

しかし幕末のころになると、英、仏、露、米の四大強国が強く開国を迫ってきた。国民は大きな国難と受けとめ、愛国心は強く燃え上がり、それが尊皇攘夷の運動として広がり、徳川幕府は倒れ、国民全体を統合した明治新政府が誕生した。

さて、新日本は一日も早く世界の列強に伍する必要から、近代化政策に取り組み、富国強兵の路線を邁進した。かくて日本は、アジアにおける新興勢力としてのし上がることができたのであった。

ところが明治の中ごろになると、帝政ロシアがアジアの制覇を企て、まず満州を手中に収め、ついで中国、朝鮮、日本を征服せんとした。当時、中国も朝鮮もロシアに抵抗する戦力はなく、結局日本が決然として立ち上がり、ついに日露戦争になったのである。まさに日本の運命をかけた国難であり、国民の愛国心は大いに燃え上がった。

世界の予想を裏切って、日本軍はロシアの大軍を陸で海で撃破し、ロシアの野望を砕いてしまった。それだけではなく、アジア全民族に解放の希望を与えたものであって、その歴史的意義は絶大であった。

いまこそ愛国心を必要とする

戦後、日本はアメリカ軍に占領された関係で、否応なしに自由主義陣営の中に組み込まれるとともに、アメリカの強大な軍事力と経済力の保護、援助を受けることになった。その結果、現在、日本は世界の中で最も自由で、、最も豊かで、最も安全な大国に発展することができた。敗戦後の惨憺たる状態を考えると、まったく夢のような話である。

それだけに現在、日本人の多くはこの恵まれた日本の社会に一応満足し、まったく天下泰平で日本の運命に少しも危機感を抱いていない。当然に愛国心など燃え上がる気配はないのである。しかし、はたして日本の将来を楽観していてよいのだろうか。私にはこの天下泰平の日本の中に、多くの危険な要因があるように思えてならない。

まず国内の情勢を考えてみよう。その自由も繁栄も安全も決して確実なものとはいえない。例えば日本の自由と民主主義は国民のエゴイズムを克服しない限り、その弊害のみが出て、行き詰まってしまう恐れがあるし、日本の繁栄も石油問題と財政問題に強い施策を断行しない限り、破綻してしまう恐れがある。

また日本の安全も今やアメリカの軍事力に全面的に依存できなくなり、独立国として必要な防衛力を持たない限り、枕を高くできないのである。こう考えると、日本は現在、重大な内憂と外患を抱えており、まさに史上最大の国難に直面しているといわざるをえない。とても天下泰平と楽観していられないはずである。

現在、日本の人たちに最も重要なことは、この国難をしっかり認識することである。その認識の上にかならず強い愛国心が生まれると思う。愛国心が蘇った時、はじめて国民の総力は結集されて大きな威力となり、国難を克服できるものと信じている。

エゴイズムを克服しよう

エゴイズムは日本をダメにする

元来、人間は自己中心性が強く欲望がいっぱいである。要するに我欲が強いのである。それが人間の本性であって頭から否定することはできない。しかし各人がその我欲を押し通したら対立と混乱が起こり、社会は成り立たなくなってしまう。それだから昔から人びとは我欲を抑え、人のため社会のために尽くすことを心がけてきた。それが人間の守るべき道であり、モラルであり、そして義務なのである。

ところが戦後、日本の人びとは民主化の中で権利の主張のみに夢中になり、義務の履行にそっぽを向いてしまった。その結果、我欲が解放されて自分の利益のみを重視し、国家の利益や民族の運命を軽視する風潮が広がってしまった。まさにエゴイズムが天下御免でのさばってしまったのである。

いうまでもなく、国民がその義務の履行を拒否したら国家は成り立たないし、とくに国防の義務と納税の義務を怠ったら、それこそ国家は破滅する以外にないのである。

そもそも国防は国家存立の基本なのである。国防が失敗したら政治も経済も国民の幸福も終わりだからである。当然に国民は全力をあげて防衛力の増強に努力しなければならないのだが、日本の国民にはそんな防衛意識は見られない。ふがいない話だと思う。また、国の財政も国家存立の基本なのである。財政が破綻したら国家の機能は失われてしまうからである。現在、日本の財政は赤字を抱えて苦しい状態にある。当然に国民は全力をあげて財政の立て直しに努力しなければならないのだが、国民はこれ以上負担を増大することに強く反対している。ふざけた話だと思う。今後、日本の国民がエゴイズムをつづけ、国民の義務を履行しないようだったら、それこそ日本はダメになってしまう恐れがある。

エゴイズムは子孫までダメにする

この日本は、決して現在生きているわれわれだけの国家ではない。昔から先祖たちが汗と血を流して守りつづけ、われわれにバトンタッチしてくれたものであり、われわれもまたしっかり守って子孫にバトンタッチしなければならないものである。万が一にもわれわれの時代にダメにしたら、何千年の後まで子孫を不幸にしてしまうことを忘れてはならない。

ところが世界の歴史をみると、繁栄した大国が没落した事例は少なくない。いずれも繁栄の中で国民がエゴイズムに陥り、精神力が衰弱してしまった結果である。さて日本も現在、自由世界第二位の経済大国となり、その繁栄の中でエゴイズムが広がり精神力が衰弱しつつあり、不安でならない。

現在、世界の情勢はまことに厳しく、その中で発展をつづけることは容易でない。しかし国民が逞しい精神で総力を結集すれば不可能ではないと思う。

まず日本は軍事小国であり、何よりも自衛力の増加に着手しなければならない。もし国民が総力を結集すれば、スイスのような針鼠方式の防衛体制を作ることも決して不可能ではない。また日本は資源小国であるが、国民が総力を結集すれば原子力その他の代替エネルギーの開発も決して不可能ではない。また日本は赤字国家であるが、国民が総力を結集すれば歳出の削減と歳入の増収ができ、財政の立て直しも決して不可能ではないと思う。問題は国民が強い精神力を取り戻せるか、またその総力を結集できるか否かにかかっている。

われわれはエゴイズムを克服し、日本のため、自由世界のため、そして子孫のために精いっぱいの努力を尽くす決意を固めなければならないと思っている。

健児の精神

すばらしい日本の道義心

戦後、アメリカは日本を無害な弱小国にしてしまおうと考え、無力化政策と民主化政策を強引に推し進めた。まず無力化のためにその軍事力、政治力、経済力の破壊だけでなく精神力の破壊まで強行した。そのため日本人は大切にしてきた道義心、とくに愛国心を捨ててしまった。次に民主化をあらゆる分野で推し進めたために、日本人は先を争って民主主義にとびついた。もちろん民主主義そのものは結構である。しかし道義心を失うと民主主義はデタラメ主義に堕落してしまう恐れがある。欧米ではキリスト教の信仰が強かった時代にはそのモラルが民主主義を支えてきたが、最近その信仰が弱まるにつれ、人びとの我欲がのさばり、厄介な国民病が蔓延しており、日本にもその兆候が出ている。まさに民主主義の危機といえよう。

もし日本が今後も民主主義を貫こうとするならぱ、日本の歴史の中に生まれた立派なモラルを取り戻さなければならない。その昔、日本人の先祖たちは日本の神社神道の中から、インドの仏教の中から、中国の儒教の中から立派な教えを素直に取り入れ、それらを融合して日本なりのすばらしい道義心をつくりあげた。すなわち「我欲を戒め、ありがとうの心と思いやりの心をもって人に尽くし、社会に尽くす」というものであった。英邁な聖徳太子はその道義心をもって立派な国家を作ろうとされた。まったく頭の下がる思いである。

拝と奉仕の精神

さて、こうした道義心はその後も大切にされ、やがてすばらしい平安時代を作りだしたのであった。この時代で特筆すべきことは、第一に二、三の例外を除いて三百五十年間も平安な時代がつづいたことであり、第二に世界に例のない死刑制度を廃止したことであり、第三に外敵の脅威がなかったとはいえ軍団の廃止を断行したことである。そして健児の制度がその平和日本を立派に守ったそうで、まったく驚嘆すべきことであった。当初はまことに優秀な組織だったとみえて「国家に不測の事態がおきた時は頼みになるのは健児のみ」といわれたほどであった。これら健児たちが優秀だったのは、「拝と奉仕の精神」で道徳的武装されていたからだったと思う。前に述べたように日本人の道義心は「ありがとうの心で人に尽くし、社会に尽くす」というものであって、「拝と奉仕の精神」はずばりその神髄なのである。ところがその後、太平の時代がつづく中で健児たちの剛健な精神が堕落し、無気力となり、ついに朝野の信頼を失って、平安時代の中ごろには自然消滅してしまい、代わって源平二氏の武士勢力が台頭したのであって、まことに残念な話だと思っている。

しかし、その後も薩摩の武士の中には健児の組織が明治時代までつづき、その中から西郷隆盛、大久保利通、大山巌、東郷平八郎等々の優れた偉人を輩出し、彼らが明治維新や日露戦争の中心的指導者になったことは有名な話であって、健児の精神がいかにすばらしかったかを思い知らされるのである。なおイギリスのパウエル卿が薩摩健児にヒントを得てボーイスカウトを創設したと聞いている。

さて、今後の世界はますます厳しくなることが予想され、国民病を克服できない国の将来はまことに危険である。日本の国民とくに青少年たちはぜひとも健児の「拝と奉仕の精神」をもって道徳的武装を心がけなければならないと信じている。

自由を滅ぼす自由は許せない

国あっての国民の自由

「自由なのだから勝手放題、何をやっても構わないはずだ」と思いこんでいる人がいるが、とんでもない話である。いうまでもなく、国あっての国民であり、国あっての国民の自由なのである。それだから本当に自由を大切にしたいならば、何よりも自分の国を大切にしなければならないはずである。

その昔、ギリシャの人びとは自由を追求するあまり、国民としての義務を果たさない自由まで求めてしまった。その結果、ギリシャは滅び、人びとはすべての自由を失ってしまったという悲惨な歴史を聞いている。まことにばかげた話であるが、われわれは、それを外国の古い話だと笑ってはおれないような気がする。というのは日本でも最近それに似たような風潮がみられるからである。明日はわが身の上になるかもしれないのである。

自由が乱用されている日本

戦後、日本人は憲法によって自由が大幅に保障されたことに気をよくして、国民としての大切な義務を軽視してしまった。その結果、多くの面で混乱が起こり、最近、自由の乱用に対して批判が高まっているのである。

第一は報道の自由である。最近、マスコミの偏向は目に余るものがある。戦前、軍部に媚び戦争をあおり、戦後は革命勢力に媚びて革命をあおっている態度が不安でならない。そのため報道の自由に対して疑問が持たれはじめている。

第二は経済活動の自由である。企業が利益を追求することは当然だが、そのために国益を害することは許されない。とくにインフレの激化で国民が苦しんでいるような時には、その抑制に積極的に協力しなければならない。それを怠ると自由主義経済そのものまでが問題にされてしまうのである。

第三は労働運動の自由である。いかに大切なものであっても乱用は許されない。とくに国民生活を破壊する恐れのあるようなゼネストを乱発していると、その制限まで考えざるをえなくなるのである。

第四は国防に対する協力の自由である。もちろん現在の自衛隊は志願兵制であり、国民の協力を前提としたものである。もしその協力がなく、国防が不可能になれば、望ましいことではないが、徴兵制度が検討されるようになると思う。

国民の幸福が目的で自由はその条件

以上のように自由が乱用され、国民の幸福が脅かされると、「果たして日本人は自由を持つ資格があるか」と疑問になってくる。いうまでもなく自由は絶対なものでもなく、無制限なものでもない。そのことを忘れてはならないのである。そもそも憲法とは国民の幸福を守ることを目的とした基本法であって、その幸福を守る条件として自由が保障されているのだと信じている。われわれは、その目的と条件を取り違えてはならないと思う。

最後に付言したいことは、「日本を滅ぼす自由を許してはならないし、また自由を滅ぼす自由も許してはならない」ということである。

日本人の道義心

人間失格の由来

日本人は戦後どうしてこんなに精神的にダウンしてしまったのだろうか。まず考えられることは、敗戦で前科者的根性に陥り、日本人たるの誇りを捨ててしまったためであり、次にアメリカの占領政策が日本の歴史と道徳を頭から否定したためであり、さらに新しく移入された自由主義、民主主義の精神を履き違えて、われ先に利己主義と放縦に走ってしまったためである。その結果、日本人が大切にしてきた道徳があっけなく崩れてしまったのである。もちろん大人たちの心の底には道徳がなお保存され、わずかに日本の社会を支えてきたのである。しかし、それも新しい時代の流れの中でもみくちゃにされ、次第に青少年たちに指導力を失ってしまった。その結果、青少年たちはただただ自分の好き勝手な生き方を求めてしまったのである。

日本の将来を考えると、全く慄然とならざるを得ない現状である。さて、人々の道義心がすたれ、社会の秩序が維持できなくなると、当然に法律は増え、国家権力が乗り出す場合が多くなる。言うまでもなく、その最も強力な方式は独裁政治なのである。しかしそれでは、国民はまるで動物園の中のアニマルと変わりはないと思う。要するに、人間が自分たちの英知と道義心で自分たちの社会を満足に運営できなくなったことを示すものであり、人間としては落第した姿にほかならないのである。

道徳のより所

かつて日本でも道徳が絶対の権威を持ち、人々から大切に守られた時代があったが、それは当時まだ、道徳に立派なより所があったからである。すなわちそれはキリスト教、仏教、儒教の教義であった。人々はそれらの教義を神や仏や聖人のありがたい教えとしていささかの疑いも抱かずに心から信じたのである。それらの教えは、いずれも同じ時代に遠く離れた地で別々に提唱されたものであり、その教えの内容ももちろん異なっているのだが、よく考えてみると、その根本精神には相通ずるものがある。いずれも人の道を示したものであり、そして人間の自己中心主義と放縦を罪と悪との根源として強く戒めているのである。こう考えてみると、世界の道徳は大筋においては大同小異であり、古今東西に共通する大切な人の道だということに気がつくのである。

ところが戦後、個人主義と自由主義の風潮の中で、これら真摯な教義が敬遠されるようになった。そのより所を失った道徳も当然にその権威を失ってしまったのである。

ありがたい、人に尽くす

この際われわれは、現代の青年たちに納得できるような、分かりやすい道徳のより所を新たに求めなければならないと考えている。そのためには、まず人間の原点に返って、社会の中における人間の守らなければならない道を考えるべきだと思う。

そもそも人間はこの社会の中で生かし生かされて毎日を過ごしているのであり、この関係があるから、人間はその幸福を求めうるのである。この生かされていることの認識から、ありがたいという心が生まれるのである。もしその意味が分からないならば、ルバング島の小野田少尉の生活でも考えてみたら分かると思う。

次に今度は、自分も人びとを生かすために尽くさなければならないという思いやりの心がわいてくるはずである。というのは、人間は自分が幸福を守る権利を持っているとともに、人々をも幸福にする義務があるからである。道徳は結局、この「ありがたいという心」と「思いやりの心」をより所として必然的に生まれたものであり、その道徳を守ることこそが社会を立派にし、ひいては人々が幸福になれるゆえんだと信じている。まことに簡単な道理だが、私はそう割り切っているのである。

今こそ日本は国をあげて道義心を取り戻し、一日も早く道義日本を再建しなければならないと痛感している。

村井　順　年譜

明治四二年二月　父・猛、母・とめの次男として出生
昭和七年四月　東京帝国大学法学部政治学科入学
昭和九年一〇月　高等文官試験行政科合格
昭和一〇年三月　東京帝国大学法学部政治学科卒業
昭和一〇年四月　内務省に入省　山口県属事務官見習
昭和一二年一〇月　地方事務官　福岡県防空課長
昭和一四年一月　朗子夫人と結婚
昭和一四年五月　興亜院事務官
昭和一六年一〇月　大阪府土木部総務課長兼都市計画課長
昭和一七年一月　大阪府学務部学務課長兼体力課長
昭和二〇年一月　東京都民生局総務部総務課長

昭和二〇年一〇月　青森県警察部長
昭和二一年一一月　内閣事務官兼内閣総理大臣秘書官
昭和二二年六月　内務省警保局公安第一課長
昭和二三年三月　国家地方警察本部警備部警備課長
昭和二七年四月　国家地方警察本部付警備部副部長兼総理府事務官、
　内閣総理大臣官房調査室長
昭和二八年四月　内閣総理大臣官房調査室長
昭和二八年一二月　京都府警察本部長
昭和三二年一月　警視監　東北管区警察局長
昭和三三年九月　九州管区警察局長
昭和三六年四月　財団法人オリンピック東京大会組織委員会事務局参事
昭和三七年七月　同委員会事務次長
昭和四〇年七月　綜合警備保障株式会社創立、同社代表取締役
昭和五五年一一月　綜合警備保障株式会社代表取締役会長
昭和五七年一一月　勲二等瑞宝章受章
昭和六三年一月　没

心の経営シリーズ

「ありがとうの心」の経営

平成 十二 年七月十二日 初版印刷
平成二十二年二月 五 日 増補改訂発行
平成 三十 年七月十六日 二 刷 発行

著者 村井 順
発行者 手塚容子
印刷所 善本社製作部

〒一〇一-〇〇五一 東京都千代田区神田神保町二―十四―一〇三
発行所 株式会社 善本社
TEL (〇三) 五二一三―四八三七
FAX (〇三) 五二一三―四八三八

ISBN978-4-7939-0396-0